Niklas Luhmann
Short Cuts

Short Cuts 1 Herausgegeben von Peter Gente, Heidi Paris und Martin Weinmann

NIKLAS LUHMANN, geb. 1927 in Lüneburg, Jurastudium in Freiburg (1946–49), Verwaltungsbeamter am Oberverwaltungsgericht Lüneburg (1954), Landtagsreferent im niedersächsischen Kultusministerium (1955–62), Promotion und Habilitation (1960) bei Helmut Schelsky, Studium bei Talcott Parsons in Harvard (1960–61), Referent an der Hochschule für Verwaltungswissenschaft in Speyer (1962–65), Professor für Soziologie an der Reformuniversität Bielefeld (1968), Hegel-Preis der Stadt Stuttgart (1988), Emeritus (1993), sein Hauptwerk, Die Gesellschaft der Gesellschaft erscheint (1997); Niklas Luhmann stirbt am 6. November 1998.

Nicht nur wenn er über Fußball schreibt, hat Luhmann mit der leggerezza von brasilianischen Ballartisten Denkgewichte ins Spiel gebracht, mit denen heute ein bißchen überall trainiert wird. In *Short Cuts* hat er die Wissenschaftsarena verlassen und kickt auf öffentlichen Plätzen. Ob inner- oder außerhalb des Elfenbeinturms: »Jede Kommunikation regt dadurch zur Fortsetzung an, daß sie ein bißchen über das hinausgeht, was sich letztlich halten läßt.«

NIKLAS LUHMANN
Short Cuts

Zweitausendeins

Orginalausgabe
1. Auflage, Oktober 2000.
2. Auflage, Januar 2001.
3. Auflage, August 2001.
4. Auflage, Oktober 2002.

Lektorat: Martin Weinmann (Büro W, Wiesbaden).
Umschlaggestaltung: Sabine Kauf, Plön.
Satz und Herstellung: Dieter Kohler GmbH, Nördlingen.
Druck: Gutmann + Co GmbH, Talheim.
Einband: G. Lachenmaier, Reutlingen.
Printed in Germany.

Das Papier dieses Buches besteht zu 50% aus Altpapier, für Schutzumschlag, Überzug und Vorsatz wurde Recyclingpapier aus 100% Altpapier verwendet.

ISBN 3-86150-340-9

Wer überhaupt spricht oder schreibt, sollte sich verständlich ausdrücken. Das ist eine auf den ersten Blick einleuchtende Forderung. Denn wozu äußert er sich, wenn er nicht verstanden werden will? Soziologie ist nun aber nicht die Lehre vom ersten Blick, sondern die Lehre vom zweiten Blick. Und auf den zweiten Blick kommen Fragen und Bedenken hoch. Sollte man alles, was gesagt wird, gleichermaßen unter die Knute der Verständlichkeit zwingen? Soll Verständlichkeit bedeuten: Verständlichkeit für jedermann? Verständlichkeit ohne Mühe? Verständlich ohne jede Vorbereitung, ohne jeden Zeitaufwand des Nachdenkens und Entschlüsselns? Gibt es ein lineares Kontinuum, das von Unverständlichkeit zu Verständlichkeit führt, und auf dem man mehr Verständlichkeit fordern kann? Oder gibt es auf diesem Wege vom Unverständlichen zum Verständlichen auch Abwege, etwa ins Mißverständliche? Gilt vielleicht, daß das Unverständliche nur aufgelöst werden kann durch Steigerung von Verständlichkeit und Mißverständlichkeit zugleich?

...

Ich denke manchmal, es fehlt uns nicht an gelehrter Prosa, sondern an gelehrter Poesie. Wissenschaftliche Theorien haben einen eigentümlichen Weltstimmungsgehalt, den sie selbst ... nicht formulieren, vielleicht nicht einmal wahrnehmen können. Die so unzulänglichen Versuche einer politischen Interpretation der »eigentlichen« Aussage von Theorien zeigen diesen Bedarf nach einer Zweitfassung an, ohne ihn angemessen befriedigen zu können. Vielleicht sollte es statt dessen für anspruchsvolle Theorieleistungen eine Art Parallelpoesie geben, die alles noch einmal anders sagt und damit die Wissenschaftssprache in die Grenzen ihres Funktionssystems zurückweist.

Biographie, Attitüden, Zettelkasten

Interview

Herr Luhmann, es gibt zwei außerordentlich populäre Sozialwissenschaftler in der Bundesrepublik, Jürgen Habermas und Sie. Bei Habermas leuchtet uns das ein. Habermas' normative Orientierung an »unversehrter Subjektivität« hat seinem wissenschaftlichen Werk insofern einen politischen Charakter gegeben, als sich Gruppen mit gesellschaftsverändernder Programmatik damit produktiv auseinandersetzen konnten. Habermas' Popularität ist, kurz gesagt, Resultat seiner politischen Theoriearbeit. Bei Ihnen kann man das sicherlich nicht behaupten. Woher kommt dann dennoch das große Interesse an Luhmann?

Eine Erklärung dafür zu finden, ist nicht leicht. Man muß zwei Phasen der »Luhmann-Rezeption« unterscheiden. Die erste hat Ende der sechziger Jahre stattgefunden. Es waren zu dieser Zeit überwiegend linke Leser, die sich für meine Theorie interessiert haben, weil die Ideengrundlage der Frankfurter Schule relativ einfach ist, aber die Realisierung des Programms Schwierigkeiten bereitet. Heute hingegen scheint mir das Problem anders zu liegen. Heute herrscht nicht so sehr die Komplementarität zur Kritischen Theorie vor, sondern ein Interesse an solide gebauten Theorien. Überraschend kam es für mich aber dennoch, daß ein so großes Interesse an meiner Theorie besteht, besonders an meinem letzten Buch »Soziale Systeme«.

Die Enttäuschung von der Kritischen Theorie weckt also das Interesse an Luhmanns Theorie?

Ich finde, daß man mit dem Theoriekonzept der »Frankfurter Schule«, wenn es ein solches überhaupt gibt, wissenschaftlich nicht arbeiten kann. Das ist eine Position, die nicht kompliziert genug, nicht variantenreich genug ist. Die Kritische Theorie ist nicht kompliziert genug, um etwas anderes als ein protestierendes oder resignatives Verhalten zu provozieren. Der Ausweg, den Habermas geht, verschiedene Theorien zu diskutieren und zu synthetisieren, hat bisher nicht zu einer eigenen systematischen Position geführt.

Wenn Sie der Kritischen Theorie vorhalten, daß sie einen bestimmten Standpunkt zum Ausgangspunkt nehme, ist Ihre Theorie denn neutral?

Ich würde sagen, meine Theorie ist in ihrer Struktur eher offen für sehr verschiedenartige Gesellschaftsbereiche, eher offen für ein Gegeneinanderausspielen von positiven und negativen Seiten der modernen Gesellschaft. Das Problem von Habermas besteht darin, daß sein Denken um eine moralische Verpflichtung von Gesellschaftstheorie organisiert ist. Das gibt dieser Theorie zwar eine besondere Attraktivität, zeigt zugleich aber auch ihre Grenzen an. Von einer solchen Position aus kann man beispielsweise die Geldwirtschaft, das Recht oder die politische Maschinerie nicht oder nur negativ, kritisch-ablehnend sehen.

Herr Luhmann, lassen Sie uns noch einmal auf Jürgen Habermas, Ihren großen wissenschaftlichen Kontrahenten, zurückkommen. Habermas hat einmal gesagt, daß sein wissenschaftliches Denken von einer grundlegenden Idee getragen wird. »Die Intuition stammt aus dem Bereich des Umgangs mit anderen, sie zielt auf Erfahrungen mit einer unversehrten Intersubjektivität.« Das »freundliche Zusammenleben« (Brecht) ist für Habermas die grundlegende Idee, die sein Denken bestimmt. Was treibt Sie, Herr Luhmann, zur wissenschaftlichen Arbeit an?

Ich weiß nicht, ob ich es auf eine Formel bringen kann. Aber wenn, dann ist es jedenfalls eine sehr viel begrifflichere oder theoretischere Option. Ich halte es zum Beispiel für fruchtbarer, Theorien nicht mit Einheit anzufangen, sondern mit Differenz, und auch nicht bei Einheit (im Sinne von Versöhnung) enden zu lassen, sondern bei einer, wie soll ich es sagen, besseren Differenz. Deswegen ist zum Beispiel das Verhältnis von Systemen und Umwelt für mich wichtig, und auch der Funktionalismus, weil er immer bedeutet, daß man Verschiedenes miteinander vergleichen kann. Wenn ich also eine grundlegende Intuition angeben kann, würde ich nicht notwendigerweise gerade auf die eben geschilderte, aber auf etwas dieser Art abstellen. Im einzelnen wechselt das für mich periodisch: Mal ist der Funktionsbegriff wichtig, mal die System-Umwelt-Differenz, mal die Selbstreferenz-Figur, mal die Differenz von Operation und Beobachtung. Als Einstellung zur Forschung steht dahinter die Idee, daß man alles viel besser machen könnte, als es bisher zu lesen ist. Deshalb muß man ein moralisches Urteil oder eine Kritik zurückhalten, bis man sieht, wie man über die moderne Gesellschaft denken kann.

Versöhnungsphantasien, wie die von Mensch und Natur oder der Menschen untereinander, sind Ihnen vollständig unbekannt?

Unbekannt natürlich nicht, aber für mein Denken hat das nie eine Rolle gespielt. Ein experimentelles Verhalten ist grundlegend für mein Denken, sowohl im wissenschaftlichen wie übrigens auch im politischen Sinne.

An Ihrem Denken überrascht die persönliche Teilnahmslosigkeit, mit der Sie Theorien konstruieren. Im Marxismus dagegen und in der ihm folgenden theoretischen Tradition sind es gerade solche politisch persönlichen Erfahrungen gewesen, die wissenschaftliches Arbeiten motiviert haben. Herr Luhmann, erklären Sie uns bitte, warum interessiert man sich für Differenz?

Denken Sie doch einmal an die Situation 1945, wie man sie als 17jähriger erlebt: Vorher schien alles in Ordnung zu sein und hinterher schien alles in Ordnung zu sein, alles war anders und alles war dasselbe. Man hatte vorher seine Probleme mit dem Regime und hinterher war es nicht so, wie man es sich erwartet hatte. Und deshalb war wahrscheinlich auch das juristische Studium für meine Art des Denkens wichtig geworden.

Wie meinen Sie das? Vor 1945 und nach 1945 war alles anders und war zugleich alles dasselbe?

Vor 1945 hatte man das doch gehofft, daß nach dem Wegfall des Zwangsapparates alles von selbst in Ordnung sein würde. Das erste jedoch, was ich in der amerikanischen Gefangenschaft erlebte, war, daß man mir meine Uhr vom Arm nahm und daß ich geprügelt wurde. Es war also überhaupt nicht so, wie ich vorher gedacht hatte. Und man sah dann bald auch, daß der Vergleich von politischen Regimen nicht auf der Achse »gut/böse« verlaufen konnte, sondern daß man die Figuren in ihrer begrenzten Wirklichkeit beurteilen muß. Ich will damit natürlich nicht sagen, daß ich die Nazi-Epoche und die Zeit nach 1945 als gleichwertig betrachte. Aber ich war nach 1945 einfach enttäuscht. Aber ob das wirklich so wichtig ist? Auf jeden Fall ist die Erfahrung mit dem

Nazi-Regime für mich keine moralische gewesen, sondern eher eine Erfahrung des Willkürlichen, der Macht, der Ausweichtaktiken des kleinen Mannes. Sie sehen, ich habe keinerlei Bedürfnis, auf Einheit hinaus zu denken, es sei denn, daß ich genau wüßte, welche Differenz denn gemeint ist, deren Einheit formuliert werden soll.

Neben der Erfahrung mit der Zeit vor und nach 1945 haben Sie das Jurastudium als Argument dafür angeführt, was Ihr Denken besonders beeinflußt hat. Warum ist das Studium der Jurisprudenz, die doch wenig mit theoretischer Systematisierung zu tun hat, von Bedeutung für ihr Denken gewesen?

Ich bin sicher, daß man Jura völlig anders studieren kann, als ich es getan habe. Ich habe vor allem römisches Recht studiert und an die Examensnotwendigkeit eher nebenbei gedacht. Mein Interesse war, von Fällen her zu denken und die Fälle in eine bestimmte Ordnung einzubauen. Außerdem war ich besonders an rechtsvergleichenden Fragen interessiert, was in einem gewissen Sinne die Beschäftigung mit der Soziologie vorbereitet, weil man beim Rechtsvergleich auch die verschiedenen Verhältnisse soziologisch erklären können muß.

Sie haben Jura also nie studiert, um beispielsweise Anwalt zu werden?

Doch, ursprünglich wollte ich Anwalt werden. Doch als ich dann als Referendar mein Brot bei einem Kleinstadt-Anwalt verdienen mußte, habe ich gesehen, daß das nichts für mich ist. Besonders hat mich daran gestört, daß man nicht nur einen, sondern sehr viele Vorgesetzte hat, die immer mit ihren unmöglichen Bedürfnissen in die Praxis kommen, und die man dann nicht abweisen kann. Deshalb bin ich in die Verwaltung gegangen, weil mir dies – entgegen dem ersten Anschein – mehr Freiheit zu geben schien. Ich habe dann dort auch sehr rasch eine mehr politische Tätigkeit ausgeübt.

Aus der heutigen Sicht ist das ein sonderbarer Schritt. Für einen Außenstehenden ist es sehr schwierig, in dem Buch »Soziale Systeme« den ehemaligen Verwaltungsbeamten Luhmann wiederzuentdecken. Warum sind Sie nicht gleich nach Studium und Referendariat Wissenschaftler geworden?

Es gab nichts, was mich an der Universität interessierte. Ich wollte auf keinen Fall Universitätsjurist werden. Unter Universität habe ich mir nur etwas Kleines vorgestellt, etwas, das sich ständig wiederholt.

Aber als Verwaltungsbeamter haben Sie doch nicht mehr Freiräume gehabt. Was hat der Verwaltungsbeamte Luhmann gemacht?

Zunächst war ich ein Jahr am Oberverwaltungsgericht Lüneburg zur Organisation eines Referenzsystems für Verwaltungsgerichtsentscheidungen; das Gericht sollte sehen können, was an obergerichtlichen Entscheidungen jeweils vorlag. Zugleich war ich Assistent des Präsidenten und außerdem an verschiedenen Senaten, um alles einmal kennenzulernen. Nach einem Jahr kam ich nach Hannover, wo gerade ein Regierungswechsel stattgefunden hatte und besonders im Bereich der Nazi-Wiedergutmachungsfälle Probleme aufgetaucht waren. So kam ich 1955 ins Niedersächsische Kultusministerium, zur juristischen Überprüfung vergangener Sünden. Die Akten müssen noch manchen ironischen Kommentar enthalten.

Zum Beispiel?

Zum Beispiel über die Gründe, weshalb man Wiedergutmachungs-Bescheide ablehnte, oder warum es nicht herauszubekommen war, ob der Dienstwagen für den Sohn des Ministers angeschafft worden ist. Nach drei Monaten wurde mir dann ein Referat angeboten, in dem ich die ganzen Wiedergutmachungs-Verfahren zu untersuchen hatte. Obwohl ich so manche Jahre im Kultusministerium verbrachte, hatte ich nie ein Interesse daran, eine richtige Dienstlaufbahn als Beamter einzuschlagen. Ich erinnere mich an ein Gespräch mit einem Referenten aus dem Innenministerium, der mir sagte, daß ich nie ein richtiger Beamter werden würde, wenn ich nicht einmal in einem Landkreis tätig gewesen wäre. Meine Antwort war: »Ich lese Hölderlin.« Auf die Dauer wurde mir diese Tätigkeit aber zu belastend. Zunächst konnte ich abends um fünf Uhr meinen Arbeitsplatz verlassen und meinen anderen Interessen zu Hause nachgehen. Das war bei wachsenden Aufgaben bald nicht mehr möglich.

Was haben Sie nach fünf Uhr abends, nach dem Ende Ihrer Arbeit, gemacht?

Viel gelesen und vor allen Dingen begonnen, mit einem Zettelkasten zu arbeiten, also Zettel vollgeschrieben. In den Zetteln habe ich die Literatur, mit der ich mich vorwiegend beschäftigte, verarbeitet, also Soziologie und Philosophie. Damals habe ich vor allem Descartes und Husserl gelesen. In der soziologischen Theorie hat mich der frühe Funktionalismus beschäftigt, die Theorien von Malinowski und Radcliffe-Brown; dies schloß ein, daß ich mich auch sehr stark mit Kulturanthropologie und Ethnologie befaßte. Die deutsche philosophische Anthropologie hingegen habe ich nie gemocht. Erwähnen muß ich noch ein Interesse an Kant, während Hegel und Marx mich damals so gut wie gar nicht interessierten.

Nach Ihrem Besuch der Harvard-Universität verließen Sie die Verwaltung in Hannover. Gab es dort in Harvard ein Schlüsselerlebnis, das Sie zu diesem Entschluß bewog?

Nein, das kann man nicht sagen. Als ich nach Harvard ging, hatte ich vor, ein Buch über Organisationstheorie zu schreiben, das dann später auch unter dem Titel *Funktionen und Folgen formaler Organisation* erschienen ist. Gelernt habe ich in Harvard, mich in die Architektur der Parsonsschen Theorie einzuarbeiten, von der ich viel gelernt habe. Bevor ich nach Harvard ging, hatte ich eine Konzeption des Funktionsbegriffs, die völlig mit derjenigen Parsons' kollidierte. Darüber haben wir damals sehr viel diskutiert, jedoch war seine Antwort immer stereotyp: »It fits quite nicely.« So brachte er meine Ideen in seiner Theorie unter, während ich den Eindruck hatte, dadurch entsteht etwas ganz anderes. Ich hatte die Vorstellung, daß eine Funktion nicht von Strukturen abhängig, sondern nur ein auswechselbarer Gesichtspunkt ist (funktionale Äquivalenz). Nach meiner Vorstellung waren vielfältige Möglichkeiten, die different, aber doch funktionsgleich sind, von Interesse. Sie sehen, daß ich überhaupt keine sensationellen Schlüsselerlebnisse berichten kann. Was mich hauptsächlich interessiert hat, ist, wie so eine große Theorie wie die von Parsons gebaut ist und woran sie scheitert, wenn sie scheitert. Ich hatte damals guten persönlichen Kontakt zu Parsons.

Einem Biographen machen Sie es mit solchen Antworten nicht gerade leicht.

Eine Biographie ist eine Sammlung von Zufällen, das Kontinuierliche besteht in der Sensibilität für Zufälle. Insofern kann man auch bezüglich meiner Biographie von einer Kette von Zufällen sprechen: der politische Umbruch 1945, den ich mit offenen Augen erlebte; das Jurastudium, in dem man eine Reihe von Organisationstricks lernte und zugleich eine Art Augenmaß, was mich, nebenbei gesagt, für immer für Selbstverwaltung in Universitäten verdorben hat; und dann natürlich die Beschäftigung mit Parsons und Husserl, also die Zusammenschließung von Sinnanalyse und Funktionsbegriff.

Warum sind Sie für die Selbstverwaltung an den Universitäten untauglich?

Ich finde, daß man es in diesem Zusammenhang ausschließlich mit Bagatellen zu tun hat, die ihre Bedeutung nur dadurch gewinnen, daß andere sich darüber aufregen. Man kann Entscheidungen nicht delegieren. Eine Ausschußsitzung entsteht aus der anderen, und niemand glaubt einem, wenn man sagt, daß alles viel einfacher zu erledigen wäre.

Als Sie dann an die Verwaltungshochschule in Speyer gingen, hatten Sie den Wunsch entwickelt, Professor zu werden?

Eine Verwaltungstätigkeit auch in höheren Positionen wiederholt sich nach einiger Zeit, so daß ich mich nach Möglichkeiten umsah, diesen Tätigkeitsbereich zu verlassen. Ich wollte mehr Zeit für meine theoretischen Interessen gewinnen, was aber nicht bedeutet, daß ich Universitätsprofessor werden wollte. Was mir vorschwebte, war, Wissenschaftler zu werden. Bei dieser Vorstellung war der Gedanke keineswegs entscheidend gewesen, daß Wissenschaft eine praktische Bedeutung haben könnte. Ich habe nicht die Vorstellung, daß es wissenschaftliche Erkenntnisse gibt, die auf die Praxis angewendet werden könnten. Die Praxis, zum Beispiel ein Ministerium, ist für mich ein nach einer eigenen Logik verlaufendes System, das sich aneignet, was in der wissenschaftlichen Umwelt für es interessant ist. Sie sehen, daß ich keine anwendungsorientierte Theorie im Sinne habe. Vielmehr fasziniert mich die Idee, daß eine Theorie wie eine Praxis komplizierter wird, wenn man ihr die Möglichkeit läßt, ihre eigenen Aussagen nach ihren eigenen Standards zu verbessern.

Aber Sie sind doch in praktischen Instituten tätig?

In letzter Zeit ganz wenig. Früher hatte ich eher als heute Gelegenheit, in Kommissionen in Bonn tätig zu sein. Ich habe aber immer darauf insistiert, daß eine Kommission Gelegenheit haben müßte, politische Zwischenentscheidungen zu bekommen. Bevor man also etwas ausarbeitet, hätte man den Minister oder den entscheidenden Beamten fragen müssen, wollt ihr diesen oder jenen Kurs haben. Dieses Denken in Alternativen läuft jedoch allen Gewohnheiten entgegen, so daß ich es zunehmend abgelehnt habe, in solchen Kommissionen mitzuarbeiten.

Was Sie erzählen, Herr Luhmann, läßt die an Ihnen häufig geübte Kritik, Ihre Theorie diene zur Rechtfertigung des Bestehenden, als nicht sehr fundiert erscheinen. Wie sehen Sie das?

Die Kritik ist sicher unberechtigt und auch uninformiert. Ich war zum Beispiel einmal in einer Kommission zur Beamtenreform, in der sowohl die konservative wie die progressive Position undurchsetzbar waren. Ich habe viel

Zeit auf die Mitarbeit an der Ausarbeitung einer ganz neuartigen Konstruktion des öffentlichen Dienstes verwendet, die dann zwar von der Kommission, nicht aber von der Regierung akzeptiert wurde. Sie sehen, meine politische Tätigkeit war völlig umsonst, ich habe nur versucht, das in die Zusammensetzung der Kommission einprogrammierte politische Patt zu unterlaufen. In diesem Zusammenhang machte ich die Erfahrung, wie wenig die Politik in der Lage ist, strukturelle Alternativen zu sehen und die Konsequenzen für eine politische Position zu durchdenken. Das hat natürlich meine Einschätzung, daß das politische System einer eigenen Logik folgt, bestärkt. Ich hatte dann später noch einmal mit der CDU zu tun, als sie ihr Grundsatzprogramm diskutierte, das war aber eine reine Wertphilosophie, bei der es mir nicht gelang, die Problematik auf eine Realitätsdiagnose zu lenken. Ein Programm muß doch die Gesellschaft beschreiben, wie sie ist, statt nur Werte zu benennen, die jedermann für gut hält. Die CDU merkte natürlich, daß meine Vorschläge nicht als Wahlplattform funktionierten, weil die SPD die gleichen Werte hatte. Bei meinen politischen Kontakten ist also nicht viel herausgekommen.

Sie sind nicht für eine politische Partei zu vereinnahmen?

Nein. In den sechziger Jahren habe ich eher mit der SPD, insbesondere der Arbeitsgemeinschaft Sozialdemokratischer Juristen, Kontakt gehabt, später dann eher mit der CDU. Prinzipiell bin ich der Meinung, daß man sich politisch stets aufgeschlossen und zur Mitarbeit bereit verhalten sollte. Nur: Die Beschränkungen, die die Politik setzt, sind für Wissenschaftler sehr groß, und für die Praxis beginnt die Unmöglichkeit oft dort, wo der Wissenschaftler noch nicht einmal ernsthafte Schwierigkeiten sieht.

Herr Luhmann, wir sehen nicht die Differenz zwischen Programm und Analyse, weil jedem Programm doch die Analyse eines bestimmten gesellschaftlichen Zustands zugrunde liegt. Meinen Sie, daß Sie die Welt objektiv sehen?

Ich meine, daß in der Politik realitätsbezogene Fragen gestellt werden müssen. Also, man kann doch zum Beispiel vor einer Wahl Politiker fragen, ob sie die Wirtschaftsstrukturen als eine keynesianische oder eine monetaristische interpretieren, das sind doch realitätsbezogene Fragen. Ich möchte hingegen nicht wissen, daß die Politiker für Gleichheit und Freiheit sind. Mich würde etwa auch interessieren, was Politiker meinen, was sie nicht tun können.

Wir verstehen eines nicht: Als Privatperson folgen Sie täglich einer Reihe von normativen Orientierungen, zum Beispiel in der Erziehung Ihrer Kinder. Wenn Sie sich jedoch als gesellschaftliches Individuum begreifen, dann wollen Sie sich von normativen Orientierungen, von Wertvorstellungen nicht leiten lassen. Wie ist dieser Widerspruch zu erklären; sind Ihnen

Gedanken, daß der Wissenschaftler eine Verpflichtung zu moralischen Stellungnahmen hat, fremd?

Ja und nein. Sicherlich schließe ich nicht von meinen Privatvorstellungen auf öffentliche Angelegenheiten, aber andererseits habe ich auch gewisse Empfindlichkeiten, die meine politischen Orientierungen bestimmen. Zum Beispiel bin ich persönlich irritiert, wenn Politiker das Recht nicht vollstrecken, wenn sie zum Beispiel die Hausbesetzerszene aus bestimmten politischen Gründen laufen lassen. Ich hätte nichts dagegen, daß man das Recht so ändert, daß Hausbesetzung legal wird, aber aus politischen Erwägungen Recht nicht zu vollstrecken, halte ich nicht für richtig. Eine solche politische Einstellung hängt mit meinen persönlichen Interessen zusammen, daß ich wissen möchte, ob ich meine Rechte durchsetzen kann oder nicht. Lassen Sie mich ein anderes Beispiel erzählen. Ich hörte einmal in einem Gespräch mit Wahlkampfplanern, daß man Reden nicht so kompliziert machen dürfe, weil die Leute nur wissen wollen, wer die Guten und wer die Bösen sind. Die politische Gegenpartei so zu betrachten, finde ich außerordentlich undemokratisch, weil eine Opposition moralisch immer akzeptabel sein muß. Auch in der Bonner Politik irritiert mich persönlich der Moralismus in der Beschreibung des politischen Gegners. Es stört mich theoretisch, keine Wahlmöglichkeiten mehr zu haben. In Amerika zum Beispiel wird diese Grenze immer deutlich respektiert: McCarthy, der in den fünfziger Jahren die Grenze überschritten hatte, war damit erledigt. Sie sehen, daß es bei mir also schon deutlich personalisierbare Attitüden gibt, die jedoch nur einen relativ schmalen Bereich ausmachen. Ich denke aber, daß ich derartige Meinungen, die mich zum Beispiel als politischen Wähler leiten, von Problemen der Theoriekonstruktion unterscheiden kann. die mich als Wissenschaftler interessieren.

Sie haben aber doch sicherlich Vorstellungen, wie eine Gesellschaft am besten aussehen sollte?

Nein. Ich habe viele Fragen, zum Beispiel die, ob eine starke Verflechtung von Banken und Produktionsunternehmen günstig ist. Ich finde etwa das amerikanische System besser. Aber eine Vorstellung, wie die Gesellschaft gut oder auch nur besser sein könnte, habe ich gar nicht. Ich finde, daß unsere Gesellschaft mehr positive und mehr negative Eigenschaften hat als jede frühere Gesellschaft zuvor. Es ist heute also zugleich besser und schlechter. Das kann man viel zutreffender als üblich beschreiben, aber nicht zu einem Gesamturteil aufaddieren.

Daß Sie keine gesellschaftlichen Utopien haben, will uns, wenn auch mit viel Mühe, einleuchten. Sie haben aber doch sicherlich persönliche Wünsche und Tagträume, die auftauchen, wenn Ihnen dort draußen auf dem schönen Balkon einmal nichts einfällt?

Überhaupt nicht. Ich mag Sonne, zum Beispiel. Ich mag gerne in der Sonne arbeiten. Ich habe Präferenzen für eine bestimmte Art von Musik und Kunst, aber wenn ich mir etwas wünsche, dann ist es mehr Zeit. Das einzige, was mir wirklich ein Ärgernis ist, das ist dieser Mangel an Zeit. Ich weiß nicht, ob es eine Utopie ist, unbegrenzt Zeit zu haben. Ich könnte mir also vorstellen, daß für mich der Tag 30 Stunden hat, für den anderen dagegen nur 24. Die anderen müßten dann immer schon schlafen, wenn ich noch alles mögliche tue.

Also weder die Privatperson noch das politische Individuum Luhmann hat eine Utopie?

Es fällt mir schwer, Wünsche zu haben. Man möchte natürlich so viel Geld haben, daß man nicht über jeden neuen Zahn oder jeden neuen Reifen viel nachdenken muß. Aber abgesehen davon …

Können Sie sich nicht vorstellen, etwas ganz anderes zu tun, zum Beispiel künstlerisch tätig zu sein?

Ich würde ganz gerne noch andere Sachen studieren, zum Beispiel Mathematik und Wirtschaftswissenschaften.

Etwas ganz anderes also nicht.

Nein.

Einmal in Ihrem Leben jedoch haben Sie etwas ganz anderes begonnen. Sie sind vom Verwaltungsbeamten zum Professor geworden.

Ja, das stimmt. Aber im Augenblick stellen sich solche Fragen für mich nicht aktuell. Ich könnte mir jedoch vorstellen, daß ich in Schwierigkeiten käme, wenn mir jemand ein politisches Amt anbieten würde. Aber mit solchen Gedanken beschäftige ich mich überhaupt nicht.

Können wir noch einmal zu Ihrer Tätigkeit an der Verwaltungshochschule in Speyer und dem Beginn als Professor für Soziologie zurückkommen? Herr Luhmann, Sie sind mit 39 Jahren promoviert worden, haben sich zur gleichen Zeit habilitiert und sind sofort darauf Professor für Soziologie an der Universität Bielefeld geworden. Ist das nicht eine ungewöhnliche wissenschaftliche Karriere?

Soziologie studieren mußte ich übrigens auch noch, denn ich hatte ja bisher nur Jurisprudenz gelernt. Die praktische Schwierigkeit bestand darin, daß ich nie Assistent gewesen war, sondern Oberregierungsrat, und viele technische Probleme auftauchten, als es darum ging, mich zum Professor zu machen. Persönlich habe ich mich dann aber auf diese berufliche Wandlung eingelassen. An einem Lehrstuhl für Soziologie war ich deshalb besonders interessiert, weil man als Soziologe alles machen kann, ohne auf einen bestimmten Themenbereich festgelegt zu sein. Meine Hoffnung bestand darin, daß mit Bielefeld eine forschungsintensive Universität entstehen würde.

Hat sich diese Hoffnung erfüllt?

Nein, leider nein. Es ist eine ganz normale Universität geworden.

Dennoch ist es Ihnen an dieser Universität gelungen, 150 Aufsätze und 30 Bücher zu schreiben. Wie macht man so etwas in 15 Jahren?

Na, das sind nun bald 20 Jahre. Ich habe bei Büchern und Aufsätzen keine Perfektionsvorstellung, so wie manche, die meinen, bereits bei dem ersten Buch ein endgültiges Werk schreiben zu müssen. Was ich bisher geschrieben habe, ist alles noch Nullserie der Theorieproduktion – mit Ausnahme vielleicht des zuletzt erschienenen Buches *Soziale Systeme*.

Das ist Ihre erste richtige Publikation?

Ja, es ist jedenfalls der Ausgangspunkt für die Publikationen aus dem Nachlaß, wenn man so will. Dieses Buch werde ich so rasch nicht verwerfen, obwohl ich auch jetzt schon wieder manches anders machen würde. Als Antwort auf Ihre Frage nach dem Umfang der Publikationstätigkeit kommt aber vor allem meine Zettelkastentechnik als Erklärung hinzu. Ich denke ja nicht alles allein, sondern das geschieht weitgehend im Zettelkasten.

Ihre Bücher schreiben sich von selbst, sagen Sie an einer Stelle Ihres neuen Buches. Können Sie uns dieses Geheimnis verraten?

Der Zeitaufwand besteht für mich im wesentlichen darin, ein Manuskript zu tippen. Wenn ich es einmal geschrieben habe, dann nehme ich in der Regel keine Revision mehr vor, mit Ausnahme übrigens an dem letzten Buch, an dem ich auch sehr stark stilistisch gearbeitet habe. Meine Produktivität ist im wesentlichen aus dem Zettelkastensystem zu erklären. Es sind übrigens schon viele Leute hierher gekommen, um sich das anzusehen. Mit dem Zettelkasten habe ich bereits während des Studiums, Anfang der fünfziger Jahre, begonnen zu arbeiten. Wenn ich Ihnen das kurz erklären darf: Alle Zettel haben eine feste Nummer, es gibt keine systematische Gliederung, der Zettelkasten ist also nicht systematisch geordnet. Hinter diesen einzelnen Nummern gibt es dann Unterabteilungen, zum Beispiel a, b, c, a1, a2, a3 usw., das geht manchmal bis zu zwölf Stellen. Ich kann dann von jeder Nummer auf jede andere Stelle in dem Zettelkasten verweisen. Es gibt also keine Linearität, sondern ein spinnenförmiges System, das überall ansetzen kann. In der Entscheidung, was ich an welcher Stelle in den Zettelkasten hineintue, kann damit viel Belieben herrschen, sofern ich nur die anderen Möglichkeiten durch Verweisung verknüpfe. Wenn man das immer macht, entsteht eine innere Struktur, die auf diese Weise nie hineingegeben worden ist, die man dann aber herausziehen kann. Der Zettelkasten kostet mich mehr Zeit als das Bücherschreiben.

Was steht auf so einem Zettel drauf?

Im wesentlichen eigene Gedanken, manchmal auch Zitate, aber das geschieht ganz selten. Es gibt zwar in dem

Zettelkasten auch Literaturhinweise, aber für Literatur habe ich zwei getrennte Systeme, von denen aus wiederum auf den Zettelkasten verwiesen wird.

Sie verschwenden, wenn wir das richtig verstanden haben, nie einen Gedanken; alles, was Ihnen durch den Kopf gegangen ist, geht sofort in den Zettelkasten?

Ja, wenngleich nicht alles, was ich in dem Zettelkasten gesammelt habe, später dann auch verwendet wird.

Wenn Sie nun einen Aufsatz zu schreiben beginnen, wie setzen Sie dann Ihren Zettelkasten in Funktion?

Da mache ich mir zunächst einen Plan für das, was ich schreiben will, und hole dann aus dem Zettelkasten das heraus, was ich gebrauchen kann.

Im Gegensatz zu einem Baumeister, der ausschließlich vorgefertigte Teile zusammenmontiert, muß ein Wissenschaftler doch auch neue Ideen haben, die nicht bereits in den einzelnen Teilen enthalten sind. Solche Ideen kommen ja nicht aus einem Zettelkasten?

Doch. Ich habe zum Beispiel eine große Menge von Zetteln zum Begriff »funktionale Differenzierung«, ich habe ebenfalls eine Reihe von Notizen über »selbstreferentielle Systeme«, und ich habe einen großen Komplex von Notizen über »Binarität«. Im Augenblick sitze ich an einem Vortrag über ökologische Probleme in modernen Gesellschaften, und meine Arbeit besteht darin, Zettel aus den skizzierten drei begrifflichen Bereichen zu sichten und so zu kombinieren, daß ich etwas Substantielles zu diesem Thema sagen kann. Die neuen Ideen ergeben sich dann aus den verschiedenen Kombinationsmöglichkeiten der Zettel zu den einzelnen Begriffen. Ohne die Zettel, also allein durch Nachdenken, würde ich auf solche Ideen nicht kommen. Natürlich ist mein Kopf erforderlich, um die Einfälle zu notieren, aber er kann nicht allein dafür verantwortlich gemacht werden. Insofern arbeite ich wie ein Computer, der ja auch in dem Sinne kreativ sein kann, daß er durch die Kombination eingegebener Daten neue Ergebnisse produziert, die so nicht voraussehbar waren. Diese Technik, so glaube ich, erklärt auch, warum ich überhaupt nicht linear denke und beim Bücherschreiben Mühe habe, die richtige Kapitelfolge zu finden, weil eigentlich ja jedes Kapitel in jedem anderen Kapitel wieder vorkommen müßte. Mein neues Buch *Soziale Systeme* habe ich so immer wieder umgebaut und erst ziemlich spät die Entscheidung getroffen, die Systemtheorie abstrakt unter einem besonderen Kapitel nach vorne zu ziehen.

Wie lange haben Sie an Ihrem letzten Buch geschrieben?

Konzipiert und geschrieben habe ich es im wesentlichen in einem Jahr. Aber natürlich hat es dann noch mal vor allem stilistische Überarbeitungen gegeben.

Wieviele Stunden am Tag schreiben Sie?

Na ja, das ist unterschiedlich. Wenn ich nichts weiter zu tun habe, dann schreibe ich den ganzen Tag: morgens von 8.30 Uhr bis mittags, dann gehe ich kurz mit meinem Hund spazieren, dann habe ich noch einmal nachmittags von 14.00 Uhr bis 16.00 Uhr Zeit, dann ist wieder der Hund an der Reihe. Manchmal lege ich mich auch eine Viertelstunde hin, ich habe mir angewöhnt, mich ganz konzentriert auszuruhen, so daß ich nach kurzer Zeit wieder arbeiten kann. Ja, und dann schreibe ich in der Regel abends noch bis gegen 23.00 Uhr. Um 23.00 Uhr liege ich meistens im Bett und lese noch ein paar Dinge, die ich zu dieser Zeit noch verdauen kann. – Ich muß Ihnen sagen, daß ich nie etwas erzwinge, ich tue immer nur das, was mir leichtfällt. Ich schreibe nur dann, wenn ich sofort weiß, wie es geht. Wenn ich einen Moment stocke, lege ich die Sache beiseite und mache etwas anderes.

Was machen Sie dann?

Na, andere Bücher schreiben. Ich arbeite immer gleichzeitig an mehreren verschiedenen Texten. Mit dieser Methode, immer an mehreren Dingen zu arbeiten, habe ich nie Blockierungen.

Sie sitzen also niemals einen Tag da, ohne etwas zu schreiben?

Wenn ich zu Hause bin, nein.

Arbeit ist für Sie also keine Mühsal, an deren Ende eine Belohnung durch Nichtarbeit steht?

Nein, das kenne ich überhaupt nicht. Es ist eher so, daß sich meine Gedanken überschlagen und ich am liebsten an mehreren Dingen zugleich arbeiten würde.

Haben Sie schon einmal das Gefühl gehabt, für Ihre Arbeit Opfer zu erbringen, also das Gefühl, etwas zu versäumen?

Nein, eher umgekehrt. Ich habe häufig das Gefühl, eine Problematik noch nicht exakt genug begriffen zu haben. Wenn ich schreibe, habe ich nicht das Gefühl, etwas zu versäumen, während es mir bei Auslandsreisen häufig so geht, daß ich nach einer gewissen Zeit denke, ich müsse jetzt zurück, um weiter zu schreiben.

Sie erwähnen überhaupt nicht Beziehungen zu anderen Menschen, zu Ihrer Frau, zu Ihren Kindern. Woran liegt das?

Meine Frau ist gestorben, mein bester Freund ist gestorben; meine Kinder sind ein wesentlicher Teil meines Lebens. Mit ihnen und der ganzen Jugendkultur um sie herum lebe ich hier zusammen. Aber die Menschen meines Alters, die ich gern hatte, die habe ich verloren, die sind schwer zu ersetzen.

Sie leben seitdem mit Ihren drei Kindern alleine hier in Oerlinghausen?

Ja, die Kinder sind durch die Bedingungen ihres Aufwachsens von Anfang an sehr selbständig gewesen. Nach dem Tod meiner Frau bin ich höchstens einmal für zwei bis drei Tage ins Ausland geflogen und dann sofort wieder zurückgekommen, um nach dem Rechten zu sehen. Heute haben wir eine Haushaltshilfe, die viermal die Woche kommt und uns etwas kocht.

Dürfen wir noch ein Stück weiter in Ihrer Lebensgeschichte zurückgehen? In welchem Elternhaus sind Sie groß geworden, was waren also die emotionalen Bedingungen, die es Ihnen ermöglichten, eine so außerordentliche Intelligenz zu entwikkeln?

Väterlicher- wie mütterlicherseits haben nie die ersten Söhne studiert, studieren durften nur die, die nicht zu Hause bleiben konnten. Mein Vater, der nie studiert hat, hat die Brauerei und Mälzerei seines Vaters in einem Moment übernommen, in dem es nicht mehr wirtschaftlich war. Wir konnten zwar von diesen Einnahmen leben, aber es war immer eine gewisse finanzielle Problematik da. Mein Vater bekam dann mit den Nationalsozialisten Probleme, so daß im Elternhaus immer eine nicht ganz durchsichtige Distanz zu spüren war. Meine Mutter war Schweizerin, die auch nichts mit Wissenschaft zu tun hatte. Ich hatte aber insofern ein sehr tolerantes Elternhaus, als ich selbst entscheiden konnte, was ich wollte. Es gab keine Vorstellungen über die Angemessenheit der Berufswahl. Von der Familientradition her war Studieren nichts Selbstverständliches; die, die nichts erben konnten, die mußten halt studieren. Meine Mutter stammte aus einer Hotelierfamilie, für die selbstverständlich war, daß man für die zweiten und dritten Söhne auch noch Hotels baute. Auch meine beiden Brüder haben nicht studiert.

Sie haben also überhaupt keine unmittelbaren Anregungen für Ihre spätere Tätigkeit als Soziologe und Philosoph bekommen. Wie würden Sie dann erklären, daß diese Gebiete für Sie zur lebensgeschichtlichen Leidenschaft geworden sind?

Ich weiß es nicht. Vielleicht lag das an der Freiheit in meinem Elternhaus; was man gut machte, wurde für gut befunden.

In der Schule waren Sie dann sicherlich der Klassenbeste?

Nein, ich hatte eine Klasse übersprungen, weil meine Großmutter in der Zeitung gelesen hatte, daß so etwas möglich sei. Auf diese Weise bin ich übrigens mit 15 Jahren schon Luftwaffenhelfer geworden, während die anderen das erst mit 16 Jahren machen mußten. Aber sonst kann ich nichts furchtbar Interessantes berichten. Ich glaube übrigens nicht an eine Determiniertheit von Lebensgeschichten. Biographien sind mehr eine Kette von Zufällen, die sich zu etwas organisieren, das dann allmählich weniger beweglich wird.

Sehen Sie von diesen knappen biographischen Daten aus, die Sie uns geschildert haben, einen Zusammenhang zu Ihrer Arbeitsform, der Arbeit mit dem Zettelkasten?

Nein. Ich habe den Zettelkasten aus der simplen Überlegung heraus angefangen, daß ich ein schlechtes Gedächtnis habe. Zunächst einmal hatte ich Zettel in Bücher gelegt, auf die ich mir Notizen machte, auf diese Weise gingen die Einbände der Bücher kaputt. Dann habe ich mir mit Mappen geholfen, als die jedoch dicker wurden, fand ich nichts mehr in ihnen. Ab 1952 oder 1953 begann ich dann mit meinem Zettelkasten, weil mir klar wurde, daß ich für ein Leben planen müsse und nicht für ein Buch.

Mit 25 Jahren war Ihnen klar, daß Sie für ein Leben planen müßten?

Ja, ich wollte Wissen ansammeln und mir Kombinationsmöglichkeiten erschließen. In gewisser Weise ist so der Zettelkasten eine Reduktion zum Aufbau von Komplexität. Wenn ich etwa ein Buch lese, gehe ich folgendermaßen vor: Ich habe immer einen Zettel zur Hand, auf dem ich mir die Ideen bestimmter Seiten notiere. Auf der Rückseite halte ich die bibliographischen Angaben fest. Wenn ich das Buch durchgelesen habe, dann gehe ich diese Notizen durch und überlege, was für welche bereits geschriebenen Zettel wie auswertbar ist. Ich lese also immer mit einem Blick auf die Verzettelungsfähigkeit von Büchern. Vielleicht handelt es sich bei mir da einfach um einen Sammeltrieb. Wenn ich nun mit meinem Zettelkasten Theorien formuliere, dann bin ich dennoch nicht der Überzeugung, daß dies die Vorbereitung für eine richtige Realitätswahrnehmung ist, sondern höchstens für eine Wahrnehmung, von der dann Folgeentscheidungen abhängen, die, wenn sie falsch sind, wenigstens richtig falsch sind. Insofern konstruiert die Theorie ihre eigene Nichtbeliebigkeit in sich selbst. Die gängigen wissenschaftstheoretischen Vorschriften, die festlegen, wie man denken muß, sind für mich schwer zu akzeptieren.

Ihre Theorie, Herr Luhmann, ist also mehr am Ausprobieren verschiedener Alternativen orientiert als am Begründen vorher formulierter Standpunkte. Dennoch verstehen wir nicht, wie Sie ohne normative Orientierungen arbeiten können, wenn Sie Vorschläge für politische Reformen, die Sie doch auch hin und wieder machen, vorlegen. Ist für Sie die Stabilität einer Organisation der Wertmaßstab, an dem Sie Ihre Vorschläge ausrichten?

Lassen Sie mich das an Hand eines Beispiels beantworten, an Hand eines Konzepts für eine Beamtenreform. Ausgangspunkt für diesen Vorschlag waren Defekte in der existierenden Struktur des Beamtenapparates. Während meiner Tätigkeit in dem Ministerium konnte ich beobachten, daß die Beförderungspolitik in einer Verwaltung nicht daran orientiert ist, wie man Menschen in ihrer produktivsten Lebensphase, zwischen 40 und 55 Jahren, am besten beschäftigen, sondern wie man sie am einfachsten in eine günstige Rentenlage befördern kann. So wurden etwa Beamte mit 63 Jahren zum Amtsrat befördert, um kurz darauf in Pension zu gehen und diese Stelle für nachrückende Beamte freizumachen. Eine solche Politik ist nicht an der optimalen Beschäftigung von menschlichen Qualifikationen orientiert, sondern von einem Versorgungsgedanken geprägt: Jeder soll das Gefühl haben, einmal Amtsrat zu werden. Ein zweites Beispiel: Es ist bei uns nicht vorstellbar, daß Beamte – wenn es die Umstände erfordern – zurückgestuft werden und bei besseren Bedingungen wieder in ihre ursprünglichen Positionen gelangen. Statt dessen werden sie, wenn man keine Verwendung mehr für sie hat, auf derselben Ebene in eine Art Quasiruhestand geschickt. In Amerika ist das ganz anders. Dort ist das Auf- und Abstufen eine Normalität, die nicht als moralisch verwerflich gilt. Ein solcher Vorschlag aber, wie die Normalisierung des Auf und Ab, ist jedoch an der Starrheit des Beamtenapparats gescheitert. Mein Denken ist nun nicht darauf gerichtet, das eine oder andere Modell für unbedingt richtig zu erklären, sondern mir geht es darum, verschiedene Alternativen auf ihre Voraussetzungen und Folgen hin zu durchdenken. Diese Form des Denkens bestimmt auch mein gesamtes Wissenschaftsprogramm. Ausgangspunkt meines Denkens ist eine Überlegung wie die folgende: Wenn man eine Gesellschaft einmal in einer bestimmten Weise sähe, dann interessiert mich, welche Konsequenzen das hätte.

Wie kann man Alternativen diskutieren, ohne Vorstellungen darüber im Kopf zu haben, was man als gut oder richtig empfindet?

Das kann ich nicht für alle Fragen eindeutig beantworten. Wenn ich etwa an die Beamtenpolitik denke, dann habe ich da völlig andere Vorstellungen, als wenn ich mir ein Konzept für eine Bankenpolitik überlegen müßte. Als allgemeinen Gedanken kann man vielleicht festhalten, daß mir strukturell erzeugte Defekte in der Realität als vermeidbar erscheinen – unter Inkaufnahme freilich von anderen Defekten, die nicht sichtbar sind, weil die Alternative noch nicht existiert. Diese Art des Denkens halte ich für überhaupt nicht konservativ.

Das leuchtet ein. Wie aber kommt dann die Kritik an Ihnen, Sie würden eine konservative Theorie formulieren, zustande?

Mein Eindruck ist der, daß die progressive Seite mit bestimmten Theoriefiguren besetzt ist, und was nicht in diese Theoriefiguren paßt, ist dann das Gegenteil von progressiv, also konservativ. Dieses Stereotyp kommt aus einer Selbsteinschätzung derjenigen, die es mir auferlegen. Ich hingegen habe den Eindruck, daß in der Frankfurter Schule ein Moralkonservativismus oder eine alteuropäische Konfiguration noch eine Rolle spielt. Aber im Grunde genommen finde ich diese Figur nicht sehr bedeutsam. Wenn man wirklich konservativ ist, dann müßte man heute enorm viel ändern, um angesichts der vielfältigen Veränderungen etwas zu bewahren. Wie kann man in einer solchen Situation sinnvollerweise von »konservativ« reden?

Wenn Sie sich einmal den Zeitraum der nächsten zehn Jahre vor Augen halten, was würden Sie als die drängendsten gesellschaftspolitischen Probleme bezeichnen?

Auch hier habe ich Schwierigkeiten, einen einzelnen Punkt besonders hervorzuheben. Ich finde eher, daß in der bisherigen Diskussion bestimmte Punkte unterbelichtet sind, weshalb ich immer die Neigung habe, andere zu nennen, als sie augenblicklich in aller Munde sind. Wenn ich also nicht die Friedenspolitik an erster Stelle nenne, dann keineswegs deshalb, weil ich für Krieg bin oder weil mir die Erhaltung des Friedens nicht als wichtig erschiene. Wir brauchen gar nicht darüber zu reden, was für furchtbare Folgen ein Makrokrieg hätte, das ist doch ganz klar.

Sind Sie in der Friedensbewegung engagiert?

Nein, die ist mir zu kriegsnah, zu kriegerisch, wenn ich das so sagen darf. Die Friedensbewegung arbeitet mit Prämissen, von denen ich nicht sehe, daß sie friedensfördernd sind. Ich sehe beispielsweise nicht, daß Abrüstungspolitik friedensfördernd sein könnte. Ich denke eher, man müßte die Denkstruktur des Ostens und des Westens harmonisieren, nicht etwa im Sinne einer Konvergenztheorie, sondern in der Weise, daß die Ideenwelt des Marxismus, die verbraucht ist, ebenso abgelöst wird wie die Ideenwelt des Liberalismus, die ebenso verbraucht ist. Wir leben heute eigentlich noch aus Kontroversen des 19. Jahrhunderts, und deshalb ist vieles von dem, was der Osten und der Westen sich gegenseitig unterstellen, theoretisch unsinnig. Es wäre natürlich falsch zu glauben, Theorie wäre ein bedeutsamer politischer Faktor.

Dennoch halte ich Kritiken an dem amerikanischen sowie dem sowjetischen Selbstverständnis für sinnvoll, und solche Vorwürfe sind mir ebenso friedensnah wie die Abrüstungspolitik. Eine andere Option könnte ich mir nur dann vorstellen, wenn es gelänge, bereits die Abschußmöglichkeit von Raketen zu verhindern, was heute technisch nicht mehr ausgeschlossen zu sein scheint. Aber dann würden die Menschen wahrscheinlich wieder mit Obstmessern aufeinander losgehen. Es stört mich auch, daß niemand empfindlich ist für die Möglichkeit der Evolution von Seuchen infolge von Entwicklungen in der Medizin. Wir können überhaupt nicht ausschließen, daß irgendwann einmal medizinisch resistente Viren entstehen, die einfach losmarschieren, und die Medizin ratlos dasteht und Jahre braucht, um eine Diagnose für die Krankheit zu entwickeln. Ein solcher Fall ist evolutionstheoretisch wahrscheinlich, von dem Antibiotikagebrauch unterstützt. So etwas halte ich für viel wahrscheinlicher, als daß eine Riesenexplosion geschieht, die die Menschheit vernichtet. Oder nehmen Sie ein anderes Beispiel, wie die Entwicklung des Dollars. Der Dollar ist nur deshalb Leitwährung, weil er so verschuldet ist, daß man ihn nicht kollabieren lassen, aber auch nicht ersetzen kann. Man kann doch gar nicht sicher sein, daß der Dollar nicht eines Tages zusammenbricht. Die Möglichkeit des Zusammenbruchs eines monetär aufgeblähten Wirtschaftssystems, für die es keine Kompensation gibt, halte ich für ein außerordentlich drängendes Problem, angesichts dessen ich das Plärren gegen den Kapitalismus als unangemessen betrachte. Für diese Fragen ist das Problem doch nicht, wer Eigentümer von Produktionsmitteln ist. Eine elaborierte Theorie müßte mehr Risiken und Gefahren aufzeigen können als eine eng geführte spätmarxistische Theorie oder eine bloße Technologieaversion.

Wird es zu Ihrer zukünftigen Arbeit gehören, solche strukturellen Defekte spätkapitalistischer Gesellschaften zu analysieren?

Meine weitere Arbeit wird sich mit der Gesellschaftstheorie beschäftigen, die auf einem niedrigeren Abstraktionsniveau liegt als mein Buch *Soziale Systeme*. Ich werde aber nicht im üblichen Sinne »Gesellschaftskritik« üben und auch nicht nur eine Liste von strukturellen Effekten aufführen, ganz zu schweigen von der Fehlbezeichnung »Spätkapitalismus«. Solche Probleme erscheinen nur innerhalb der Theorie. Weil mir gar keine andere Gesellschaft vorschwebt als die, die wir haben, will ich auch die vielen positiven Seiten unseres Systems aufzeigen. Es geht also nicht um Ablehnung oder Zustimmung zu dieser Gesellschaft, sondern um ein besseres Verständnis ihrer strukturellen Risiken, ihrer Selbstgefährdungen, ihrer evolutionären Unwahrscheinlichkeit.

Kleine politische Schriften wird es also von Niklas Luhmann nicht geben?

Nein. Das soll aber nicht ausschließen, daß ich im Kontext einer theoretischen Frage auch aktuelle Probleme behandele.

*Das Interview führten Rainer Erd
und Andrea Maihofer*

Was ist Kommunikation?

Wir haben ein nicht mehr integrierbares Wissen über psychische und soziale Systeme

Mein Ziel ist, das geläufige Verständnis von Kommunikation zu kritisieren und ihm eine andersartige Variante an die Seite zu stellen. Bevor ich damit beginne, sind aber einige Bemerkungen über den wissenschaftlichen Kontext angebracht, in dem dieses Manöver vollzogen werden soll. Ich gehe zunächst von einem unbestreitbaren Tatbestand aus. Die uns allen vertraute Differenzierung der Disziplinen Psychologie und Soziologie und mehr als hundert Jahre fachverschiedener Forschung haben zu einem nicht mehr integrierbaren Wissen über psychische und soziale Systeme geführt. In keinem der Fächer überblickt irgendein Forscher den gesamten Wissensstand; aber so viel ist klar, daß es sich in beiden Fällen um hochkomplexe, strukturierte Systeme handelt, deren Eigendynamik für jeden Beobachter intransparent und unregulierbar ist.

Trotzdem gibt es immer noch Begriffe und sogar Theorien, die diesen Tatbestand ignorieren oder ihn geradezu systematisch ausblenden. In der Soziologie gehören die Begriffe Handlung und Kommunikation zu diesen Residuen. Sie werden normalerweise subjektbezogen benutzt. Das heißt: Sie setzen einen Autor voraus, bezeichnet als Individuum oder als Subjekt, dem die Kommunikation beziehungsweise das Handeln zugerechnet werden kann. Die Begriffe Subjekt oder Individuum fungieren dabei aber nur als Leerformel für einen in sich hochkomplexen Tatbestand, der in den Zuständigkeitsbereich der Psychologie fällt und den Soziologen nicht weiter interessiert.

Nur die Kommunikation kann kommunizieren

Zieht man diese Begriffsdisposition in Zweifel, und das will ich tun, bekommt man normalerweise zu hören: Letztlich seien es doch immer Menschen, Individuen, Subjekte, die handeln bzw. kommunizieren. Demgegenüber möchte ich behaupten, daß nur die Kommunikation kommunizieren kann und daß erst in einem solchen Netzwerk der Kommunikation das erzeugt wird, was wir unter Handeln verstehen.

Meine zweite Vorbemerkung betrifft faszinierende Neuentwicklungen im Bereich der allgemeinen Systemtheorie beziehungsweise der Kybernetik selbstreferentieller Systeme, die früher unter dem Titel Selbstorganisation, heute eher unter dem Titel Autopoiesis zu finden sind. Der Forschungsstand ist im Moment selbst in den Begriffsbildungen unübersichtlich und kontrovers. Deutlich erkennbar ist jedoch ein bis in die Erkenntnistheorie hineinreichender Umbau der theoretischen Mittel, und dies in einem Sinne, der Biologie, Psychologie und Soziologie übergreift. Wer eine Mehrebenenarchitektur liebt, kann einen Umbau der Theorie beobachten, der auf mehreren Ebenen zugleich stattfindet und damit zugleich die aus logischen Gründen naheliegende Unterscheidung der Ebenen selbst in Frage stellt.

Selbstreferenz ist kein Sondermerkmal des Denkens

Im Gegensatz zu Grundannahmen der philosophischen Tradition ist Selbstreferenz (oder »Reflexion«) keineswegs ein Sondermerkmal des Denkens oder des Bewußtseins, sondern ein sehr allgemeines Systembildungsprinzip mit besonderen Folgen, was Komplexitätsaufbau und Evolution angeht. Die Konsequenz dürfte dann unvermeidlich sein, daß es sehr viele verschiedene Möglichkeiten gibt, die Welt zu beobachten, je nachdem, welche Systemreferenz zugrunde liegt. Oder anders: Die Evolution hat zu einer Welt geführt, die viele verschiedene Möglichkeiten hat, sich selbst zu beobachten, ohne davon eine als die beste, die einzig richtige auszuzeichnen. Jede diesem Sachverhalt angemessene Theorie muß daher auf

der Ebene des Beobachtens von Beobachtungen angesiedelt sein – auf der Ebene der second order cybernetic im Sinne Heinz von Foersters.
Meine Frage ist nun: Wie sieht eine soziologische Theorie sozialer Systeme aus, wenn sie ernsthaft versucht, sich diesen Theorieentwicklungen zu stellen. Meine Vermutung ist, daß man dafür nicht beim Begriff der Handlung, sondern beim Begriff der Kommunikation ansetzen muß. Denn nicht die Handlung, sondern nur die Kommunikation ist eine unausweichlich soziale Operation und zugleich eine, die zwangsläufig in Gang gesetzt wird, wenn immer sich soziale Situationen bilden.
Im Hauptteil meines Vortrages möchte ich nun versuchen, einen entsprechenden Begriff von Kommunikation vorzustellen – und zwar einen Begriff, der jede Bezugnahme auf Bewußtsein oder Leben, also auf andere Ebenen der Realisation autopoietischer Systeme streng vermeidet. Nur vorsorglich sei noch angemerkt, daß dies natürlich nicht besagen soll, daß Kommunikation ohne Leben und ohne Bewußtsein möglich wäre. Sie ist auch ohne Kohlenstoff, ohne gemäßigte Temperaturen, ohne Erdmagnetismus, ohne atomare Festigung der Materie nicht möglich. Man kann angesichts der Komplexität der Welt nicht alle Bedingungen der Möglichkeit eines Sachverhalts in den Begriff dieses Sachverhalts aufnehmen; denn damit würde der Begriff jede Kontur und jede theoriebautechnische Verwendbarkeit verlieren.

Kommunikation kommt zustande durch eine Synthese von drei verschiedenen Selektionen

Ähnlich wie Leben und Bewußtsein ist auch Kommunikation eine emergente Realität, ein Sachverhalt sui generis. Sie kommt zustande durch eine Synthese von drei verschiedenen Selektionen – nämlich Selektion einer *Information*, Selektion der *Mitteilung* dieser Information und selektives *Verstehen oder Mißverstehen* dieser Mitteilung und ihrer Information.

Keine dieser Komponenten kann für sich allein vorkommen. Nur zusammen erzeugen sie Kommunikation. Nur zusammen – das heißt nur dann, wenn ihre Selektivität zur Kongruenz gebracht werden kann. Kommunikation kommt deshalb nur zustande, wenn zunächst einmal eine Differenz von Mitteilung und Information verstanden wird. Das unterscheidet sie von bloßer Wahrnehmung des Verhaltens anderer. Im Verstehen erfaßt die Kommunikation einen Unterschied zwischen dem Informationswert ihres Inhalts und den Gründen, aus denen der Inhalt mitgeteilt wird. Sie kann dabei die eine oder die andere Seite betonen, also mehr auf die Information selbst oder auf das expressive Verhalten achten. Sie ist aber immer darauf angewiesen, daß *beides* als Selektion erfahren und *dadurch* unterschieden wird. Es muß, mit anderen Worten, vorausgesetzt werden können, daß die Information sich nicht von selbst versteht und daß zu ihrer Mitteilung ein besonderer Entschluß erforderlich ist. Und das gilt natürlich auch, wenn der Mitteilende etwas über sich selbst mitteilt. Wenn und soweit diese Trennung der Selektionen nicht vollzogen wird, liegt eine bloße Wahrnehmung vor.

Es ist von erheblicher Bedeutung, an der Unterscheidung von Wahrnehmung und Kommunikation festzuhalten

Es ist von erheblicher Bedeutung, an dieser Unterscheidung von Kommunikation und Wahrnehmung festzuhalten, obwohl und gerade weil die Kommunikation reiche Möglichkeiten zu einer mitlaufenden Wahrnehmung gibt. Aber die Wahrnehmung bleibt zunächst ein psychisches Ereignis ohne kommunikative Existenz. Sie ist innerhalb des kommunikativen Geschehens nicht ohne weiteres anschlußfähig. Man kann das, was ein anderer wahrgenommen hat, nicht bestätigen und nicht widerlegen, nicht befragen und nicht beantworten. Es bleibt im Bewußtsein verschlossen und für das Kommunikationssystem ebenso wie für jedes andere Bewußtsein intransparent. Es kann natürlich ein externer Anlaß werden für eine folgende Kommunikation. Beteiligte können ihre eigenen Wahrnehmungen und die damit verbundenen Situationsdeutungen in die Kommunikation einbringen; aber dies nur nach den Eigengesetzlichkeiten des Kommunikationssystems, zum Beispiel nur in Sprachform, nur durch Inanspruchnahme von Redezeit, nur durch ein Sichaufdrängen, Sichtbarmachen, Sichexponieren – also nur unter entmutigend schweren Bedingungen.

Auch das Verstehen selbst ist eine Selektion

Aber nicht nur Information und Mitteilung, sondern auch das Verstehen selbst ist eine Selektion. Verstehen ist nie eine bloße Duplikation der Mitteilung in einem anderen Bewußtsein, sondern im Kommunikationssystem selbst Anschlußvoraussetzung für weitere Kommunikation, also Bedingung der Autopoiesis des sozialen Systems. Was immer die Beteiligten in ihrem je eigenen selbstreferentiell-geschlossenen Bewußtsein davon halten mögen: Das Kommunikationssystem erarbeitet sich ein eigenes Verstehen oder Mißverstehen und schafft zu diesem Zwecke Prozesse der Selbstbeobachtung und der Selbstkontrolle.

Über Verstehen und Mißverstehen kann nicht so einfach kommuniziert werden, wie die Beteiligten es gerne möchten

Über Verstehen und Nichtverstehen kann kommuniziert werden – allerdings wieder nur unter den hochspezifischen Bedingungen der Autopoiesis des Kommunikationssystems und nicht so einfach, wie die Beteiligten es gern möchten. Die Mitteilung »Du verstehst mich nicht« bleibt daher ambivalent und kommuniziert zugleich diese Ambivalenz. Sie besagt einerseits »Du bist nicht bereit, zu akzeptieren, was ich dir sagen will« und versucht das Eingeständnis dieser Tatsache zu provozieren. Sie ist andererseits die Mitteilung der Information, daß die Kommunikation unter dieser Bedingung des Nichtverstehens nicht fortgesetzt werden kann. Und sie ist drittens Fortsetzung der Kommunikation.

Die normale Technik des Umgangs mit Verstehensschwierigkeiten besteht schlicht in Rückfragen und Erläuterungen, in normaler, routinemäßiger Kommunikation über Kommunikation ohne besondere psychische Aufladung. Und gegen diese Normalroutine verstößt, wer das Scheitern oder die Gefahr des Scheiterns der Kommunikation in der Kommunikation zuzurechnen versucht: »Du verstehst mich nicht« camoufliert aber die Härte des Problems von Annahme oder Ablehnung mit einer Semantik, die suggeriert, das Problem sei gleichwohl durch Kommunikation über Kommunikation zu lösen.

Was ist an diesem Kommunikationsbegriff neu?

Was ist an diesem Kommunikationsbegriff neu? Und was sind die Konsequenzen der Neuerung?

Neu ist zunächst die Unterscheidung der drei Komponenten Information, Mitteilung, Verstehen.

Man findet eine ähnliche Unterscheidung bei Karl Bühler unter dem Gesichtspunkt unterschiedlicher Funktionen der sprachlichen Kommunikation. Dies haben Amerikaner wie Austin und Searle zu einer Theorie von Akttypen oder Sprechakten verstärkt und versteift. Daran wiederum hat Jürgen Habermas eine Typologie von Geltungsansprüchen angeschlossen, die in der Kommunikation impliziert sind. Das alles geht aber immer noch von einem handlungstheoretischen Verständnis der Kommunikation aus und sieht den Kommunikationsvorgang deshalb als eine gelingende oder mißlingende *Übertragung* von Nachrichten, Informationen oder Verständigungszumutungen. Demgegenüber wird bei einem systemtheoretischen Ansatz die *Emergenz der Kommunikation* selbst betont. Es wird nichts übertragen. Es wird Redundanz erzeugt in dem Sinne, daß die Kommunikation ein Gedächtnis erzeugt, das von vielen auf sehr verschiedene Weise in Anspruch genommen werden kann. Wenn A dem B etwas mitteilt, kann sich die weitere Kommunikation an A oder an B wenden. Das System pulsiert gleichsam mit einer ständigen Erzeugung von Überschuß und Selektion. Durch die Erfindung von Schrift und Buchdruck ist dies Systembildungsverfahren nochmals immens gesteigert worden, mit Konsequenzen für Sozialstruktur, Semantik, ja für Sprache selbst, die erst allmählich ins Blickfeld der Forschung treten.

Bei den drei Komponenten handelt es sich um unterschiedliche Selektionen

Die drei Komponenten Information, Mitteilung und Verstehen müssen also nicht als Funktionen, nicht als Akte, nicht als Horizonte für Geltungsansprüche interpretiert werden (ohne daß man bestreiten müßte, daß all dies auch eine mögliche Art ihrer Verwendung ist). Es sind auch keine Bausteine der Kommunikation, die unabhängig existieren können und nur durch jemanden – durch wen? durch das Subjekt? – zusammengesetzt werden müssen. Es handelt sich vielmehr um unterschiedliche Selektionen, deren Selektivität und deren Selektionsbereich überhaupt erst durch die Kommunikation konstituiert werden. Es gibt keine Information außerhalb der Kommunikation, es gibt keine Mitteilung außerhalb der Kommunikation, es gibt kein Verstehen außerhalb der Kommunikation – und dies nicht etwa in einem kausalen Sinne, wonach die Information die Ursache der Mitteilung und die Mitteilung Ursache des Verstehens sein müßte, sondern im zirkulären Sinne wechselseitiger Voraussetzung.

Ein Kommunikationssystem ist ein vollständig geschlossenes System

Ein Kommunikationssystem ist deshalb ein vollständig geschlossenes System, das die Komponenten, aus denen es besteht, durch die Kommunikation selbst erzeugt. In diesem Sinne ist ein Kommunikationssystem ein autopoietisches System, das alles, was für das System als Einheit fungiert, durch das System produziert und reproduziert. Daß dies nur in einer Umwelt und unter Abhängigkeit von Beschränkungen durch die Umwelt geschehen kann, versteht sich von selbst.

Etwas konkreter ausformuliert, bedeutet dies, daß das Kommunikationssystem nicht nur seine Elemente – das, was jeweils eine nicht weiter auflösbare Einheit der Kommunikation ist –, sondern auch seine Strukturen selbst spezifiziert. Was nicht kommuniziert wird, kann dazu nichts beitragen. Nur Kommunikation kann Kommunikation beeinflussen; nur Kommunikation kann Einheiten der Kommunikation dekomponieren (zum Beispiel den Selektionshorizont einer Information analysieren oder nach den Gründen für eine Mitteilung fragen); und nur Kommunikation kann Kommunikation kontrollieren und reparieren.

Wie man leicht sehen kann, ist die Praxis einer solchen Durchführung von reflexiven Operationen ein außerordentlich aufwendiges Verfahren, das durch die Eigenarten der Autopoiesis der Kommunikation in Schranken gehalten wird. Man kann nicht immer genauer und immer genauer nachfassen. Irgendwann, und ziemlich schnell, ist der Grenznutzen der Kommunikation erreicht oder die Geduld – das heißt die Belastbarkeit der psychischen Umwelt – erschöpft. Oder das Interesse an anderen Themen oder anderen Partnern drängt sich vor.

Die Kommunikation hat keinen Zweck

Diese These der zirkulären, autopoietischen Geschlossenheit des Systems ist nicht leicht zu akzeptieren. Man muß eine Zeitlang damit gedanklich experimentieren, um allmählich zu sehen, was sie bringt. Dasselbe gilt für eine zweite, eng damit zusammenhängende These. Die Kommunikation hat keinen Zweck, keine immanente Entelechie. Sie geschieht, oder geschieht nicht – das ist alles, was man dazu sagen kann. Insofern folgt die Theorie nicht einem aristotelischen Duktus, sondern eher dem Theoriestil Spinozas. Selbstverständlich lassen sich innerhalb von Kommunikationssystemen zweckorientierte Episoden bilden, sofern die Autopoiesis funktioniert. So wie ja auch das Bewußtsein sich episodenhaft Zwecke setzen kann, ohne daß dies Zwecksetzen der Zweck des Systems wäre. Jede andere Auffassung müßte begründen, weshalb das System nach dem Erreichen seiner Zwecke fortdauert; oder man müßte, nicht ganz neu, sagen: Der Tod sei der Zweck des Lebens.

Die Theorie der Rationalität kommunikativen Handelns ist schon empirisch schlicht falsch

Oft wird mehr oder weniger implizit unterstellt, Kommunikation ziele auf Konsens ab, suche Verständigung. Die von Habermas entwickelte Theorie der Rationalität kommunikativen Handelns baut auf dieser Prämisse auf. Sie ist jedoch schon empirisch schlicht falsch. Man kann auch kommunizieren, um Dissens zu markieren, man kann sich streiten wollen, und es gibt keinen zwingenden Grund, die Konsenssuche für rationaler zu halten als die Dissenssuche. Das kommt ganz auf Themen und Partner an. Selbstverständlich ist Kommunikation ohne jeden Konsens unmöglich; aber sie ist auch unmöglich ohne jeden Dissens. Das, was sie zwingend voraussetzt, ist: daß man in bezug auf momentan nicht aktuelle Themen die Frage Konsens oder Dissens dahingestellt sein lassen kann. Und selbst bei aktuellen Themen – selbst wenn man endlich einen Parkplatz gefunden hat und nach langen Fußmärschen das Café erreicht hat, wo es in Rom den besten Kaffee geben soll und dann die paar Tropfen trinkt – wo ist da Konsens oder Dissens, solange man den Spaß nicht durch Kommunikation verdirbt?

Alle Kommunikation ist riskant

An die Stelle einer konsensgerichteten Entelechie setzt die Systemtheorie eine andere These: Kommunikation führt

zur Zuspitzung der Frage, ob die mitgeteilte und verstandene Information angenommen oder abgelehnt werden wird. Man glaubt eine Nachricht oder nicht: Die Kommunikation schafft zunächst nur diese Alternative und damit das Risiko der Ablehnung. Sie forciert eine Entscheidungslage, wie sie ohne Kommunikation gar nicht bestehen würde. Insofern ist alle Kommunikation riskant. Dieses Risiko ist einer der wichtigsten morphogenetischen Faktoren, es führt zum Aufbau von Institutionen, die auch bei unwahrscheinlichen Kommunikationen noch Annahmebereitschaft sicherstellen.
Es kann aber, und dies scheint mir für fernöstliche Kulturen zu gelten, auch umgekehrt sensibilisieren: Man vermeidet Kommunikation mit Ablehnungswahrscheinlichkeiten, man versucht Wünsche zu erfüllen, bevor sie geäußert werden, und signalisiert eben dadurch Schranken; und man wirkt an der Kommunikation mit, ohne zu widersprechen und ohne die Kommunikation dadurch zu stören, daß man Annahme oder Ablehnung zurückmeldet.

Kommunikation dupliziert die Realität

Kommunikation dupliziert also, um diesen wichtigen Punkt nochmals mit anderen Worten zu wiederholen, die Realität. Sie schafft zwei Versionen: eine Ja-Fassung und eine Nein-Fassung, und zwingt damit zur Selektion. Und

genau darin, daß nun etwas geschehen muß (und sei es: ein explizit kommunizierbarer Abbruch der Kommunikation), liegt die Autopoiesis des Systems, die sich selbst ihre eigene Fortsetzbarkeit garantiert.
Die Zuspitzung auf die Alternative Annahme oder Ablehnung ist also nichts anderes als die Autopoiesis der Kommunikation selbst. Sie differenziert die Anschlußposition für die nächste Kommunikation, die nun entweder auf erreichtem Konsens aufbauen oder dem Dissens nachgehen oder auch versuchen kann, das Problem zu cachieren und den heiklen Punkt künftig zu vermeiden. Nichts, was kommuniziert werden kann, entzieht sich dieser harten Bifurcation – mit einer einzigen Ausnahme: der Welt (im Sinne der Phänomenologie) als dem letzten Sinnhorizont, in dem all dies sich abspielt und der selbst weder positiv noch negativ qualifiziert, weder angenommen noch abgelehnt werden kann, sondern in aller sinnhaften Kommunikation als Bedingung der Zugänglichkeit weiterer Kommunikation mitproduziert wird.

Wertbeziehung von Kommunikationen

Lassen Sie mich nunmehr diesen Theorieansatz an einer Spezialfrage ausprobieren: am Problem der Wertbeziehung von Kommunikationen. Wir sind auf neukantianischen Grundlagen oder auch durch Jürgen Habermas trainiert, hier sogleich Geltungsansprüche zu wittern und zu ihrer Prüfung einzuladen. Die Wirklichkeit ist einfacher – und zugleich komplizierter.

Was man empirisch beobachten kann, ist zunächst: daß Werte in der Kommunikation per Implikation herangezogen werden. Man setzt sie schon voraus. Man spielt auf sie an. Man sagt nicht direkt: Ich bin für Frieden. Ich schätze meine Gesundheit. Man vermeidet das aus dem Grund, den wir schon kennen: weil das die Möglichkeiten auf Annahme und Ablehnung hin duplizieren würde. Gerade das scheint bei Werten unnötig zu sein – oder so meint man jedenfalls.

Man diskutiert nicht über Werte, sondern über Präferenzen

Werte gelten somit kraft Unterstellung ihrer Geltung. Wer wertbezogen kommuniziert, nimmt eine Art Wertebonus in Anspruch. Der andere muß sich melden, wenn er nicht einverstanden ist. Man operiert gleichsam im Schutze der Schönheit und Gutheit der Werte und profitiert davon, daß derjenige, der protestieren will, die Komplexität übernehmen muß. Er hat die Argumentationslast. Er läuft die Gefahr, innovativ denken und sich isolieren zu müssen. Und da immer mehr Werte impliziert sind, als im nächsten Zug thematisiert werden können, ist das Herauspicken, Ablehnen oder Modifizieren ein fast hoffnungsloses Unterfangen. Man diskutiert nicht über Werte, sondern über Präferenzen, Interessen, Vorschriften, Programme. Das alles heißt nicht, daß es ein Wertsystem gäbe. Es heißt auch nicht, und das ist vor allem wichtig, daß es sich um psychologisch stabile Strukturen handele. Im Gegenteil: psychologisch scheinen Werte eine außerordentlich labile Existenz zu führen. Sie werden mal benutzt, mal nicht benutzt, ohne daß man dafür eine Art psychologische Tiefenstruktur entdecken könnte. Ihre Stabilität ist, so will ich einmal provokativ formulieren, ein ausschließlich kommunikatives Artefakt, und das autopoietische System des Bewußtseins geht damit um, wie es ihm gefällt. Und genau deshalb, weil hier Strukturen der Autopoiesis des sozialen Systems im Spiel sind, eignet sich die Wertesemantik zur Darstellung der Grundlagen eines sozialen Systems für den Eigengebrauch. Ihre Stabilität beruht auf einer rekursiven Unterstellung des Unterstellens und einer Erprobung der Semantik, mit der das jeweils funktioniert bzw. nicht funktioniert. Die »Geltungsgrundlage« ist Rekursivität, gehärtet durch die kommunikative Benachteiligung des Widerspruchs.

Es gibt keinen Selbstvollzug der Werte

Was das Bewußtsein sich dabei denkt, ist eine ganz andere Frage. Wenn es versiert ist, wird es wissen, daß Wertkonsens ebenso unvermeidlich wie schädlich ist. Denn es gibt keinen Selbstvollzug der Werte, und man kann alles, was sie zu fordern scheinen, im Vollzug immer noch entgleisen lassen, im Namen von Werten natürlich.

Konsequenzen für den Bereich der Diagnose und Therapie von Systemzusammenhängen

Eine derart tiefgehende Revision der system- und kommunikationstheoretischen Begrifflichkeit wird sicher Konsequenzen haben für den Bereich der Diagnose und Therapie von Systemzuständen, die man als pathologisch ansieht. Mir fehlt für diesen Bereich jegliche Kompetenz und vor allem jene Art von automatischer Selbstkontrolle, die aus einer Vertrautheit mit dem Milieu entsteht. Trotzdem möchte ich versuchen, in einer Art Zusammenfassung einige Punkte zu beleuchten, die vielleicht einen Anlaß geben könnten, bekannte Phänomene neu zu konstruieren.

Zunächst: Der Ansatz betont die Differenz von psychischen und sozialen Systemen. Die einen operieren auf der Basis von Bewußtsein, die anderen auf der Basis von Kommunikation. Beide sind zirkulär geschlossene Systeme, die jeweils nur den eigenen Modus der autopoietischen Reproduktion verwenden können. Ein soziales System kann nicht denken, ein psychisches System kann nicht kommunizieren. Kausal gesehen gibt es trotzdem immense, hochkomplexe Interdependenzen. Geschlossenheit heißt also keinesfalls, daß keine Wirkungszusammenhänge bestünden oder daß solche Zusammenhänge nicht durch einen Beobachter beobachtet oder beschrieben werden könnten. Nur muß die Ausgangslage der autopoietischen Geschlossenheit in diese Beschreibung eingehen. Das heißt: Man muß der Tatsache Rechnung tragen, daß Wirkungen nur durch den Mitvollzug auf Seiten des die Wirkungen erleidenden Systems zustandekommen können. Und man muß berücksichtigen, daß die Systeme füreinander intransparent sind, sich also wechselseitig nicht steuern können.

Es liegt in der Konsequenz dieses Ansatzes zu sagen, daß das Bewußtsein zur Kommunikation nur Rauschen, nur Störung, nur Perturbation beiträgt und ebenso umgekehrt. Und in der Tat: Wenn Sie einen Kommunikationsprozeß beobachten, müssen sie die vorherige Kommunikation kennen, eventuell Themen und das, was man sinnvoll darüber sagen kann. Die Bewußtseinsstrukturen der Individuen brauchen Sie im allgemeinen nicht zu kennen.

Aber diese Argumentation bedarf natürlich der Verfeinerung, da die Kommunikationssysteme oft Personen thematisieren und da das Bewußtsein sich daran gewöhnt hat, bestimmte Worte zu lieben, bestimmte Geschichten zu erzählen und sich so mit Kommunikation partiell identifiziert.

Das eigene Bewußtsein tanzt wie ein Irrlicht auf den Worten herum

Ein Beobachter kann also hohe strukturierte Interdependenzen zwischen psychischen und sozialen Systemen erkennen. Und trotzdem: Die psychische Selektivität kommunikativer Ereignisse im Erleben der Beteiligten ist etwas völlig anderes als die soziale Selektivität; und schon bei einer geringen Aufmerksamkeit auf das, was wir selber sagen, wird uns bewußt, wie unscharf wir auswählen müssen, um sagen zu können, was man sagen kann; wie sehr das herausgelassene Wort schon nicht mehr das ist, was gedacht und gemeint war, und wie sehr das eigene Bewußtsein wie ein Irrlicht auf den Worten herumtanzt: sie benutzt und verspottet, sie zugleich meint und nicht meint, sie auftauchen und abtauchen läßt, sie im Moment nicht parat hat, sie eigentlich sagen will, und es dann ohne stichhaltigen Grund doch nicht tut. Würden wir uns anstrengen, das eigene Bewußtsein wirklich in seinen Operationen von Gedanken zu Gedanken zu beobachten, würden wir zwar eine eigentümliche Faszination durch Sprache entdecken, aber zugleich auch den nichtkommunikativen, rein internen Gebrauch der Sprachsymbole und eine eigentümlich-hintergründige Tiefe der Bewußtseinsaktualität, auf der die Worte wie Schiffchen schwimmen, aneinandergekettet, aber ohne selbst das Bewußtsein zu sein: irgendwie beleuchtet, aber nicht das Licht selbst.

Diese Überlegenheit des Bewußtseins über die Kommunikation (der natürlich in umgekehrter Systemreferenz eine Überlegenheit der Kommunikation über das Bewußtsein entspricht) wird vollends klar, wenn man bedenkt, daß das Bewußtsein nicht nur mit Worten oder vagen Wort- und Satzideen, sondern nebenbei und oft vornehmlich mit Wahrnehmung und mit imaginativem Auf- und Abbau von Bildern beschäftigt ist. Selbst während des Redens beschäftigt sich das Bewußtsein unaufhörlich mit Wahrnehmungen, und mir selbst kommt es oft so vor, als ob ich beim Formulieren die Schriftbilder der Worte sehe (ein Sachverhalt, der von den Forschungen über »Verschriftlichung« der Kultur, so weit ich sie kenne, bisher nie beachtet worden ist). Auch variiert von Individuum zu Individuum das Ausmaß, in dem man sich durch das eigene Reden von der wahrnehmenden Beobachtung anderer ablenken läßt, oder wie weit man trotz der Aufmerksamkeit für die Sequenz der Rede daneben noch Kapazitäten frei hat für das simultane Prozessieren von Wahrnehmungseindrücken.

Es ist unvermeidlich, die Kommunikation dem Irrwisch Bewußtsein anzupassen

All dies macht es, um nun die Systemreferenz wieder zu wechseln und auf das soziale System der Kommunikation zurückzukommen, unvermeidlich, die Kommunikation diesem Irrwisch Bewußtsein anzupassen. Das kann natürlich nicht so geschehen, daß die Kommunikation stückchenweise Bewußtsein transportiert. Vielmehr wird das Bewußtsein, was immer es sich bei sich selbst denkt, von der Kommunikation in eine Situation des forced choice manövriert – oder so jedenfalls sieht es von der Kommunikation her gesehen aus. Die Kommunikation kann auf kommunikativ verständliche Weise angenommen oder abgelehnt werden (und natürlich läßt sich die Thematik faktorisieren, so daß eine Entscheidung in viele Entscheidungen dekomponiert wird). Die autopoietische Autonomie des Bewußtseins wird, so kann man sagen, in der Kommunikation durch Binarisierung repräsentiert und abgefunden.

Die Kommunikation läßt sich durch Bewußtsein stören

An die Stelle der unverständlich rauschenden Bewußtseinsumwelt des Kommunikationssystems tritt eine in der Kommunikation traktierbare Entscheidung: ja oder nein, Rückfrage, eventuell Verzögerung, Vertagung, Enthaltung. Die Kommunikation läßt sich, anders gesagt, durch Bewußtsein stören und sieht dies sogar vor; aber immer nur in Formen, die in der weiteren Kommunikation anschlußfähig sind, also kommunikativ behandelt werden können. Auf diese Weise kommt es nie zu einer

Vermischung der Autopoiesis der Systeme und doch zu einem hohen Maß an Koevolution und eingespielter Reagibilität.

Ich bin mir im klaren darüber, daß diese Analyse noch keineswegs ausreicht, um zu beschreiben, was wir als pathologischen Systemzustand erfahren. Das wechselseitige Rauschen, Stören, Perturbieren ist, von dieser Theorie her gesehen, ja gerade der Normalfall, für den eine normale Auffang- und Absorptionskapazität bereitsteht, sowohl psychisch als auch sozial. Vermutlich entsteht der Eindruck des Pathologischen erst, wenn gewisse Toleranzschwellen überschritten sind; oder vielleicht könnte man auch sagen: wenn die Gedächtnisse der Systeme hierdurch in Anspruch genommen werden und Störungserfahrungen speichern, aggregieren, wieder präsentieren, über Abweichungsverstärkung und Hyperkorrektur verstärken und mehr und mehr Kapazität dafür in Anspruch nehmen. Wie dem auch sei: Von der theoretischen Position aus, die ich versucht habe zu skizzieren, müßte man psychische und soziale Pathologien deutlich unterscheiden und vor allem vorsichtig sein, wenn man die eine als Indikator oder gar als Ursache für die andere ansehen will.

NJET-SET UND TERROR-DESPERADOS

»Everybody's got something to hide, except me and my monkey«, sangen die Beatles 1968 mit offensichtlich breiter Zustimmung. Im Rückblick erstaunt nicht der Vorwurf, sondern die Ausnahme. Daß jedermann sündig war, wußte man schon immer; aber daß es eine Ausnahme gab, das war neu. Und es wurde so in die Welt hinausgesungen, daß jedermann glauben konnte, er selber sei die Ausnahme. Ob jemand jemals es wirklich geglaubt hat, weiß man nicht; aber man konnte so tun als ob.

Dazu mußte freilich die Unschuld eine Position erhalten – irgendwo in der Welt, aber außerhalb der Gesellschaft. Die Blumen und die Strände, an denen man von nichts leben konnte, mochten das symbolisieren. Die Universitäten schienen eine Möglichkeit zu bieten – eine Position, von der aus man, mit Finanzierung durch andere, Appelle an andere absenden konnte. Von all dem sind

letztlich nur die Verstecke der Terroristen übriggeblieben und mit ihnen die Anmaßung, Schuld als Unschuld praktizieren zu können.
Es gibt eine alte mönchische Tradition, die besagt, daß man schweigen müsse, wolle man jede Infektion mit Welt vermeiden. Hier war nun das Umgekehrte zu erfahren: Man müsse nicht schweigen, sondern appellieren und notfalls seinen Appellen durch Aktion Nachdruck verleihen – durch unschuldige Aktion der Akteure und ihrer Affen (und im Bereich der Werkzeuge heißt monkey dann auch noch: Rammbock, Fallhammer). Aber was ist das für eine Position, von der aus man die Gesellschaft beobachten, kritisieren, eventuell angreifen kann, ohne selbst dazuzugehören?
Auch hierzu gaben die Beatles 1968 Auskunft: »Your inside is out and your outside is in.« Man kann also in der Gesellschaft rebellieren, so als ob man von außen käme.
1968 wird als Jahr der Unruhe, ja der institutionellen Krise erinnert. Die Ereignisse kamen überraschend, auch für die Akteure selbst, und das mag den Eindruck, den sie hinterließen, vergrößert haben. Zufällige Vorfälle, der Schuß auf Benno Ohnesorg zum Beispiel, schossen die Studenten aus der Gesellschaft hinaus – und von da ab konnte man über den Rasen laufen.
Auch im Rückblick fehlt es an überzeugenden Erklärungen. Sicher ist nur, daß die aktuelle gesellschaftliche Lage keinen Anlaß bot – weder in Frankreich noch in

Deutschland, weder in Italien noch in den USA. Überall konnte man wirtschaftliche Prosperität, Zuwachs an Ausbildungschancen und tendenziell gefestigte Demokratie (verglichen etwa mit den düsteren Prognosen der dreißiger und frühen vierziger Jahre) beobachten. Macht, wie man sagt, zuviel des Glücks übermütig?

Nieten aus dem Busch?

Man könnte denselben Schritt auch als Sequenz der Ausdifferenzierung von Funktionssystemen begreifen, die von großen Hoffnungen und Vorschußlorbeeren begleitet waren und dann in den organisatorischen Realisierungen der Industriebetriebe, der Bürokratien und oligarchischen Parteistrukturen sowie schließlich der Schulen und Universitäten enttäuschen mußten. Die Lobsprüche und Legitimationsfloskeln der Alten gaben den noch nicht arrivierten Jungen keinen Sinn.

Allerdings zeigte es sich dann sehr rasch, daß die darauf begründete Hoffnung auf eine Solidarisierung von Industriearbeiterschaft und akademischer Jugend eine Illusion blieb – eine Illusion der letzten, der noch nicht arrivierten Protestler. Was schließlich entstand, war eine Zersplitterung der einstmals geschlossen-sozialistischen sozialen Bewegung in thematisch heterogene »neue soziale Bewegungen« – so als ob die funktional differenzierte Gesellschaft ihre eigene Einheit nicht einmal mehr in der Form eines Protestes gegen sich selbst formulieren könnte. Resignierte biographische Arrangements eines neuen Njet-Set auf der einen Seite und Terror-Desperados auf der anderen waren die Folge. Wer die Gesellschaft von außerhalb attackieren wollte, mußte dies aus dem Versteck heraus tun.

Erklärungen dieser Art befriedigen kaum. Sie geben nur oberflächliche Anhaltspunkte. Man muß hinzunehmen, daß die Lockerung sozialer Bindungen, ihrerseits eine Folge funktionaler Differenzierung, nicht eine neue Solidarität erzeugt, wie Durkheim angenommen hatte, sondern ein Bindungspotential freisetzt, das zu anlaßbedingten überraschenden Amalgamierungen führen kann, die sich jedoch bald wieder auflösen – biographisch und für weltweite Orientierungs- und Diffusionsmöglichkeiten.

Aber Massenmedien sind nicht gerade geeignet, Reflexion zu stimulieren, ganz zu schweigen vom Aufbau einer zeitgemäßen Theorie. So wurde das Paradox, wie man die Gesellschaft in der Gesellschaft so beobachten und kritisieren könne, als ob es von außen wäre, naiv angegangen und naiv gelöst – mit Rückgriff auf schon vorhandene Literatur – den halben Marx und die ganze (psychodramatisch erweiterte) Frankfurter Schule.

So weit, so schlecht. Von Marx hätte man eigentlich lernen können, daß die Kritik politischer Ökonomie in genauem Anschluß an eben deren Selbstdarstellung zu vollziehen ist; und daß sie in der Gesellschaft als Resultat

der Dialektik ihrer eigenen Widersprüche zu erwarten sei. Die Position, von der aus das zu vollziehen wäre (die Position der ausgebeuteten Klasse als des internen externen Beobachters), war jedoch bereits aufgelöst worden.
Die Frankfurter Schule hielt noch an der Vorstellung fest, daß die Realwidersprüche der Gesellschaft sichtbar gemacht werden könnten und dem kritischen Beobachter seinen Gegenstandsbezug vermitteln, wie immer er dann als Aufklärer in die Widersprüche hineingezogen werde. Wie aber, wenn die Widersprüche überhaupt nur eine Konstruktion des Beobachters sind? Und wie überhaupt soll der Beobachter vorgehen, wenn er (mit einer widerspruchsfreien Logik?) eine widerspruchsvolle Realität beweisen will. Everybody's got something to hide – except me and my monkey?
Der Plötzlichkeit des Ausbruchs von Unruhe entsprach die Dürftigkeit ihrer intellektuellen Ausstattung, die Unbekümmertheit ihrer Sprüche, die Naivität ihrer Vorwürfe. Was schon einmal unter ganz anderen Bedingungen als Kritik gedient hatte, wurde nur neu aufgeladen und wieder benutzt. Entsprechend rasch kam die Ernüchterung. Gewiß, die Idee ist unabweisbar, daß alles auch ganz anders gehen könnte. Eine ganze Armee von Intellektuellen hat sich dadurch inspirieren lassen – nur um letztlich auf einer Ja/Aber-Position zu landen, ohne dann erkennen zu können, daß man falsch gestartet war.

Postmodernes Rokoko

Es gibt manche Zeichen dafür, daß die Frage nach der Art der Gesellschaft, in der wir leben, nur noch dringlicher geworden ist. Was gescheitert ist, ist die Naivität und die Leichtfertigkeit der Beschreibung. Und was inzwischen auch gescheitert ist, ist das Rokoko der postmodernen Beliebigkeit. Was gefordert ist, ist eine neue Strenge und Genauigkeit im Beobachten und Beschreiben und, wenn man so weit gehen kann, im Begreifen.

Für die 68er Bewegung war das Problem der Gesellschaft noch primär wie im 19. Jahrhundert ein Problem der Verteilung gewesen, ein Problem der Gerechtigkeit, der Benachteiligung und der Beteiligung. Eine Gesellschaft – und wenn man angreifen wollte, sagte man »Herrschaft« –, die nicht imstande ist, dieses Problem angemessen zu lösen, erschien als ein »System« ohne Legitimität.

Ihr gegenüber war ein Hinweis auf Normen und die Forderung nach Einlösung der Normen, die man nicht leugnen konnte, angemessen. So argumentiert Jürgen Habermas, auf seine Weise untadelig, noch heute. Solche Normen müssen gedacht werden als Voraussetzungen sinnvoller Kommunikation, als etwas, das man logischerweise akzeptieren muß, wenn man in Kommunikation eintritt, um Verständigung zu suchen. Setzt dies ein vorgesellschaftlich gegebenes Individuum, also ein »Subjekt« im klassischen Sinne voraus?

Die Kritik und die Rebellion finden nicht außerhalb der Gesellschaft, sie finden innerhalb der Gesellschaft statt. Das weiß man seit 1790 – seitdem Edmund Burke die Französische Revolution beschrieb. Man kann nicht unschuldig bleiben.

Die Theorie hat nicht das letzte Wort. Wenn sie als Kommunikation Erfolg hat, verändert sie die Gesellschaft, die sie beschrieben hatte; verändert damit ihren Gegenstand und trifft danach nicht mehr zu. So hat die sozialistische Bewegung zu einer Marktunabhängigkeit der Arbeitspreise geführt – eine Tatsache, mit der wir nun leben müssen. So hat die Partizipationsbewegung der 68er, soweit sie sich auswirken konnte, zu riesigen Partizipationsbürokratien geführt und damit zu einem immensen Zuwachs an organisierten Entschuldigungen dafür, daß nichts geschieht – eine Tatsache, mit der wir nun leben müssen. Die Wirklichkeit sieht anders aus als die Theorie, die sie herbeiführen wollte.

Was ist aus dieser Affäre zu lernen?

Zunächst und vor allem: »Die« Gesellschaft hat keine Adressen. Was man von ihr verlangen will, muß man an Organisationen adressieren.

Paradoxe Effekte von Gesellschaftstheorie

Auf der Ebene der theoretischen Beschreibungen muß man alledem entnehmen, daß es keinen Standpunkt außerhalb der Gesellschaft und in moralischen Dingen keine unschuldigen Positionen gibt, von denen aus man die Gesellschaft »kritisch« beschreiben und Vorwürfe lancieren könnte. Wir haben keine Labyrinththeorie, die erforschen und dann voraussagen könnte, wie die Ratten laufen. Wir selbst sind die Ratten und können, bestenfalls versuchen, im Labyrinth eine Position zu finden, die vergleichsweise bessere Beobachtungsmöglichkeiten bietet.

Eine Gesellschaftsbeschreibung ist immer eine Beschreibung, die den Beschreiber selbst einbeziehen muß. Andernfalls bleibt, was ein Beobachter beobachten könnte, unvollständig. Aber kann ein Beschreiber sein eigenes Beschreiben beschreiben? Oder führt ihn allein schon diese Zumutung in die Paradoxie eines Tristram Shandy oder aller sonstigen Versuche, sich selbst in die eigene Beschreibung einzuschließen?

Sieht man das ein, dann sind paradoxe Effekte des Gebrauchs von Gesellschaftstheorie geradezu systematisch zu erwarten; und das, was den 68ern passiert ist, soweit sie Theorie als Waffe benutzt haben, ist genau das, was eine andere Theorie voraussehen und erklären kann.

Die Szene, und ich meine jetzt die philosophisch-literarische Szene, inszeniert bereits das Paradox. Sie gibt sich im Anschluß an Nietzsche oder Heidegger oder Derrida eine expressive Form, der jedoch alle Strenge und Genauigkeit abgeht. Man kann vermuten, daß hier das Problem liegt, das unser Jahrhundert noch zu lösen hätte.

Die ökologische Bewegung sieht sich, wenn sie scharf denkt, vor dem gleichen Problem. Denn hier geht es letztlich um die Frage, ob und wie das Gesellschaftssystem, das als System seine Umwelt ausschließt und anders gar nicht System sein kann, Information über die Umwelt gleichwohl einschließen kann, so daß in der Gesellschaft abschätzbar wird, wie sich Umweltveränderungen auf die Gesellschaft auswirken werden.

Die unbestreitbaren, gravierenden zukunftsbedrohenden Veränderungen in der natürlichen Umwelt, die die Gesellschaft selbst auslöst, werden allmählich zum Rationalitätsproblem dieses Jahrhunderts. Die Gesellschaft ist für ihre eigenen Operationen auf hohe Indifferenz gegenüber ihrer Umwelt angewiesen, kann sich aber gerade dies nicht mehr leisten.

Von den Problemen und von den Anforderungen an Theorie her gesehen, muß man es als einen historischen Zufall betrachten, daß die Kommunikation über ökologische Probleme fast gleichzeitig mit oder jedenfalls kurz nach den 68er-Unruhen einsetzte. Diese Konstellation bot der Generation der 68er nach dem Scheitern ihrer Impulse und nach dem Altwerden ihrer theoretischen Inspirationen eine neue Heimat. Ohne die Gegenstellung zur Gesellschaft, die Attitüde der radikalen Kritik und die Heftigkeit des Problems aufzugeben, konnte man in eine neue Problematik einwandern und damit nicht zuletzt die biographischen Probleme des Aus-der-Mode-gekommen-Seins lösen.

Zumindest in Deutschland – in Frankreich liegen die Verhältnisse anders – wurde auf diese Weise die ökologische Problematik zum Thema einer Protestbewegung mit weitreichenden Auswirkungen auf die öffentliche Meinung, auf Berichterstattungen in der Presse und auf die Politik. Eine so rasche Politisierung der Umweltprobleme wäre anders kaum erreicht worden.

Es mag etwas übertrieben sein, aber mir scheint, daß der eigentliche Erfolg und der positive Beitrag der 68er zur Gesellschaftspolitik erst mit dieser Spätzündung, erst durch ihren Einstieg in das Ernstnehmen der ökologischen Problematik zustande gekommen ist. Seitdem haben oberflächliche Beschwichtigungen und extrem kurzfristige Folgeeinschätzungen politisch einen schweren Stand.

Andererseits ist die Solidarität in der Angst natürlich kein Prinzip, mit dem man regieren und verwalten könnte. Insofern schließt sich die Bewegung selbst aus der Verantwortung aus, wenn sie versucht, sich in einer extremen Position der Unschuld zu halten. Aber so wie die Roten werden auch die Grünen nachdunkeln, wenn sie in Ämter kommen. Erst in der Organisation werden sie mit einer Realität von fragwürdiger Realität konfrontiert.

Die 68er sind älter geworden. Sie sind nicht weiser geworden. Und nach und nach werden sie durch jüngeren Nachwuchs abgelöst, der mit den notwendigen Kenntnissen über Halbwertzeiten und Meßverfahren, Dioxinverbrennungs- und Abfallsortierungstechniken aufgewachsen ist.

Alternative ohne Alternative

Die Paradoxie der »neuen sozialen Bewegungen«

Daß es nicht mehr nur um eine Kritik der Geldwirtschaft geht, die man »Kapitalismus« genannt hatte, ist klar. Der Sozialismus ist zu real geworden, als daß er noch einen Ausweg zeigen könnte. Die Kritik der kapitalistischen Wirtschaft ist damit nicht obsolet geworden, aber sie ist aufgehoben, ist eingebaut in eine breitere Strömung von Gegenmeinungen.

Man interessiert sich für Alternativen in der Annahme, daß eine Alternative auf jeden Fall besser sei als das, was vorliegt. Auf der deskriptiven Ebene bereitet dieses Phänomen der »neuen sozialen Bewegungen« jedoch Schwierigkeiten. Die Bewegungen sind so bunt, daß sie sich selbst schon so bezeichnen. Die ökologischen Themen sorgen für Auftrieb. Die Frauen ziehen mit. Krieg und Frieden sind ebenfalls Themen mit ökologischem Hintergrund angesichts der Möglichkeiten chemischer und atomarer Kriegführung. Die hypertrophe Technologie, das zunehmende Abhängigwerden von selbstfabrizierten Substituten, die selektive Maschinerie des Wohlfahrtsstaates, das zunehmende Abhängigwerden von selbstfabrizierten Problemen werden beklagt. Grauenvolle Bilder des an den Apparaten hängenden, noch lebenden Menschen vermiesen die Medizin.

Überall sind es also Hochleistungsbereiche, gegen die sich der Affekt wendet. Und daß die Kapitalinvestition rein ökonomisch unter Gesichtspunkten der Rentabilität kalkuliert wird, ohne auf den Menschen Rücksicht zu nehmen, ist nur ein Beleg mehr dafür, daß das »System« auch hier nicht in Ordnung ist.

Die »neuen sozialen Bewegungen« beobachten und beschreiben die Gesellschaft, daran ist kein Zweifel. Aber warum fällt es so schwer, sie ihrerseits zu beschreiben?

Dies könnte daran liegen, daß die Beschreibung, wenn sie zum Grunde vorstoßen würde, auf eine Paradoxie stoßen würde. Die »neuen sozialen Bewegungen« müssen ihr Beobachten und Beschreiben in der Gesellschaft praktizieren; sie tun es aber so, als ob es von außen wäre. Auch die Alternativpresse muß gedruckt werden und muß ihre Kosten einbringen oder Zuschüsse einwerben. Ihre Kommunikation ist auf vielfältige Weise, positiv wie negativ, durch die Gesellschaft bedingt, gegen die sie sich wendet. Ihre Gegenöffentlichkeit befindet sich in ständigem Thementausch mit der »bürgerlichen« Öffentlichkeit, gegen

die sie sich wendet. Sie ist also Moment einer selbstproduzierten Entzweiung. Sie ist, wogegen sie ist.
Achtet man auf die Stoßrichtung und hält man die Charakterisierung der Gegenseite als »bürgerliche Gesellschaft« für unzureichend, so scheint es auf einen Protest gegen die funktionale Differenzierung des Gesellschaftssystems hinauszulaufen; denn das ist das Prinzip, auf das sich die besonderen Leistungen und problematischen Folgen der modernen Gesellschaft zurückführen lassen.
Für funktionale Differenzierung gibt es aber keine Alternative – es sei denn, man wolle auf eine segmentäre Differenzierung (von Wohngemeinschaften?) oder auf eine politbürokratische Hierarchisierung der Gesellschaft zurück. Die Alternativen sind also ohne Alternative. Sie können sich in kleinen oder großen Dingen (etwa in Fragen der Energieversorgung) Alternativen ausdenken und zur Wahl stellen; aber das ist nichts Besonderes, das tut das »System« sowieso.
Das Prinzip der Konstruktion von Alternativen kann nur die funktionale Äquivalenz sein; und dies ist eine Dauermöglichkeit der Variation, die im Prinzip der gesellschaftlichen Differenzierung selbst verankert ist.
Begreift man die Einheit dieser »neuen sozialen Bewegungen« in dieser Weise als paradox, klären sich viele Begleitphänomene. Die Paradoxie kann nicht unmittelbar zum Ausdruck kommen. Sie muß invisibilisiert werden. Man orientiert sich statt dessen an etwas anderem. Die

Alternativen bedienen sich, um dies zu sein, der Stilmittel des unkonventionellen Auftretens. Ihre Schlipslosigkeit hat diesen tieferen Sinn. Auch die eigentümliche Ambivalenz ihres Räsonnements läßt sich daraus erklären. Auf der einen Seite: banale öffentliche Artikulation mit gefühlten Begriffen, die jeder Analyse unzugänglich sind und nur von moralischen Invektiven leben. Auf der anderen Seite: ernstzunehmende Gewissensskrupel und eine eigentümlich hintertreppige Gedankenführung, die man auch als »strategisch« bezeichnen könnte. Diese beiden Seiten treten in der praktischen Politik ständig auseinander, müssen aber doch zusammengehalten werden. Ihre Einheit läßt sich jedoch nicht formulieren, weil eben dies die Paradoxie erscheinen lassen würde, von der die Bewegung zehrt, die sie aber nicht bezeichnen kann.

Dies alles könnte als eine rein negative, entlarvende, destruktive Kritik der »neuen sozialen Bewegungen« gelesen werden, gäbe es nicht ein ganz neuartiges Interesse für solche Paradoxien und für die Wege ihrer Entparadoxierung. Dies Interesse mag mit Veränderungen von Logik und Mathematik zusammenhängen, vor allem mit neuartigen Beziehungen zwischen Beweisverfahren und Computergebrauch. Jedenfalls geht man nicht mehr wie selbstverständlich davon aus, daß Paradoxien die Folge von fehlerhaften Zirkeln in Satzbau oder Argumentation sind und vermieden werden könnten, wenn solche Zirkel vermieden werden (so die einflußreiche Behandlung des

Problems bei Bertrand Russell bis zum Ende der Hilbertschen Axiomatik). Vielmehr muß man von Paradoxien ausgehen, wenn die Welt in der Welt oder die Gesellschaft in der Gesellschaft beobachtet werden soll, und ein Circulus vitiosus ist nur eine fehlerhafte, allzu kurzschlüssige Weise der Entparadoxierung. Das führt auf die Frage, wie denn Paradoxien auf innovative, fruchtbare Weise entschlüsselt werden können.

Die »neuen sozialen Bewegungen« zeigen bisher wenig Neigung, sich mit dieser neuartigen Logik und Kybernetik der Paradoxie zu befassen. Das wäre auch nur möglich, wenn sie sich mit Systemtheorie befreunden würden. Umgekehrt kann sich aber die Systemtheorie mit den »neuen sozialen Bewegungen« befassen.

Wenn man auf dieser Grundlage nun wiederum beobachtet, wie die »neuen sozialen Bewegungen« die Gesellschaft beobachten, läßt sich die Paradoxie, die dem zugrunde liegt, bezeichnen. Die dafür nötige Sprache unterläuft die Semantik der »Alternativität« und der Gegenbürgerlichkeit, die diesen Bewegungen als natürlich und notwendig erscheint. Sie identifiziert sich nicht mit den Zielen dieser Bewegungen, sondern beschreibt sie als kontingente, als artifizielle Formen der Selbstbeobachtung des Gesellschaftssystems.

Das schließt es nicht aus, sondern ein, darzustellen, daß und wie die »neuen sozialen Bewegungen« fruchtbar werden, Themen in die öffentliche Diskussion einführen, bürokratische Verhärtungen aufzulösen versuchen oder zumindest sichtbar machen; und vor allem: daß sie dazu beitragen, erkennbar zu machen, wie sehr die moderne Gesellschaft eine Gesellschaft ist, die auf Risiko setzt und dafür einstweilen weder eine adäquate Logik noch eine Ontologie noch eine Ethik bereitstellt, mit der man begreifen und regulieren könnte, was geschieht.

Dabeisein und Dagegensein

Anregungen zu einem Nachruf auf die Bundesrepublik

Weniger als im Falle der DDR ist im Falle der Bundesrepublik davon die Rede, daß es demnächst zu Ende sein wird. Im Falle der DDR sind die Veränderungen offensichtlich, scharf spürbar und daher bewußt. Im Falle der Bundesrepublik erscheinen sie mehr als Vergrößerung des Volumens, also in der Form von Zahlen und Zahlungen. Hier kann man daher leicht auf die Idee kommen, es sei bisher gut gewesen und werde nun kontinuierlich noch besser. Aber werden die künftigen Historiker ebenso urteilen? Oder wird die Epoche der zwei deutschen Staaten als besondere Epoche der deutschen Geschichte gesehen werden? Und wenn so, sollte man sich nicht heute schon, aus Anlaß des Endes auch der Bundesrepublik, wenigstens um einen Nachruf bemühen?

Aber was wäre da groß zu sagen? Wenn man einmal von Weltpolitik absieht – und da wären eher Verlegenheiten zu nennen –, hat das Gebiet, das wir Bundesrepublik nennen, wenig Besonderes vorzuweisen. Wenn die Bundesrepublik demnächst verschwindet, wird das nicht viel ändern. Die unbestreitbaren ökonomischen Erfolge sind unter bestimmten weltwirtschaftlichen Bedingungen zustande gekommen, nicht zuletzt unter der Bedingung einer im Krieg zerstörten und deshalb wiederaufbaufähigen Industrie. Man mag die Fähigkeit, die in der Zerstörung liegende Chance zu nutzen, als wichtigen Faktor erwähnen oder auch die Kreditwirksamkeit des Mythos, daß Deutsche gerne arbeiten und etwas können. Im Verhältnis zu den weltwirtschaftlichen Konstellationen sind dies jedoch Nebenbedingungen.

Ein Phönix aus der Asche

Auch in der intellektuellen Entwicklung war Zerstörung vielleicht das wichtigste Kapital – Zerstörung im Sinne der Unnennbarkeit spezifisch deutscher Traditionen. Die Nazis hatten es mit Blubo und Brausi, wie wir damals sagten, verdorben: mit Blut, Boden, Brauchtum und Sippe. Es blieb nur die eifrig zu manifestierende Scham. Und die Möglichkeit, etwas anderes anzufangen – etwa amerikanische Soziologie oder analytische Philosophie.
Eine Phönixiade also. Eine auffallende historische Diskontinuität. Aber nichts, was bleiben könnte. Auch nichts, was zu bewahren sich lohnte. In einer Zeit der neu er-

wachenden Stammesnationalismen sollte man darauf insistieren. Die Geschichte der Bundesrepublik (Bayern immer ausgenommen) könnte dazu disponieren, dieses Drama der Ethnien, Stämme, Sprachen und Sonderkulturen nur als Zuschauer mitzuvollziehen. Jedenfalls fehlen wildgewordene Einteilungen, die anderswo für so viel Schwierigkeiten sorgen.

Diese Möglichkeit zur Distanz sollte man zu schätzen wissen und pflegen. In anderen Hinsichten kann man aber das Ende der Bundesrepublik nicht ohne Besorgnis betrachten. Ihre Erben haben nicht die Chance, von der Zerstörung ausgehen zu können (von der DDR ist hier ja nicht die Rede). Und es kann gut sein, ja es ist zu erwarten, daß eingeübte Einstellungen unreflektiert fortgesetzt werden.

Ich möchte dies an zwei Beispielen verdeutlichen, die mit besonderer Eklatanz zeigen können, welche Nachwirkungen die bundesrepublikanische Phase der deutschen Geschichte haben kann. Das eine betrifft die Wirtschaft, das andere die Gepflogenheit zu protestieren.

Wir haben uns daran gewöhnt, die Erfolge einer ausdifferenzierten Geldwirtschaft mit dem Ausdruck Marktwirtschaft zu belegen und unter diesem Etikett zu feiern. Wir fügen das Merkmal »sozial« hinzu, um zu betonen, daß eine menschenfreundliche Komponente mitfinanziert werden kann. Dasselbe wird man von ökologischen Rücksichten sagen können. Der Zusammenbruch der sozialistischen Wirtschaftsordnungen, und zwar ihr spezifisch wirtschaftliches Versagen, wird als Triumph der Marktwirtschaft gesehen. Und es zeigt sich, je mehr Tatsachen auf den Tisch kommen, wie stark die ökonomischen, sozialen und ökologischen Tatsachen in beiden Wirtschaftsordnungen divergieren. Aber rechtfertigt das den Triumph?

Vielleicht neigt man gerade auf dem Boden der Bundesrepublik allzu schnell dazu, dies zu bejahen. Neben der gelungenen Realisierung einer demokratischen Verfassung ist es ja vor allem dieser ökonomische Erfolg, an den man sich, so meint man heute, erinnern wird, wenn es um die Geschichte der Bundesrepublik geht. Aber nüchtern gesehen stehen eigentlich nur zwei Erfahrungen fest: Erstens ist mit dem Sozialismus das Jahrhundertexperiment einer ethischen Steuerung der Wirtschaft gescheitert; und zweitens sind für die Prüfung und Entscheidung der Frage, ob Investitionen wirtschaftlich rational sind oder nicht, unternehmensspezifische Bilanzen unerläßlich. Eine Beobachtung der Wirtschaft durch die Politik anhand eigener Datenaggregationen oder gar eigener Produktionspläne würde immer nur zur Information der Politik über sich selbst führen, etwa über Erfüllung oder Nichterfüllung der selbstaufgestellten Pläne. Damit sind jedoch viele wichtige Fragen, mit denen uns die sogenannte Marktwirtschaft konfrontiert, nicht beantwortet.

Das gilt etwa für den Zweifel, ob nicht wirtschaftliche Rationalität zwangsläufig zu einer Art Abweichungsverstärkung, also zur Verstärkung von Ungleichheit führt. Und ferner für die Frage, was geschehen wird, wenn man durch Spekulation auf den internationalen Finanzmärkten Geld schneller, also kurzfristiger, also mit besseren Anpassungsmöglichkeiten verdienen oder verlieren kann als mit Investition in Produktionsmittel, die aus technischen Gründen heute oft sehr langfristig geplant sein will. Einfacher und drängender gefragt: Wo sollen die riesigen Kapitalmittel herkommen, die man für eine radikale Umstellung der Technologien – zum Beispiel, aber nicht nur: der Energieerzeugung – im nächsten Jahrhundert benötigen wird? Dies sind natürlich Probleme der Weltwirtschaft, nicht Sonderprobleme der Bundesrepublik. Aber sie lassen doch zweifeln, ob man die sich anbietende Erfolgsstory so fraglos übernehmen kann. Es könnte ja sehr wohl sein, daß der sozialistische Gedanke einer ethisch-politischen Steuerung der Wirtschaft so verfehlt war, daß es auch noch verfehlt ist, sich davon unterscheiden zu wollen. Es war, könnte man meinen, derart absurd, daß es nichts Positives sagt, wenn man feststellt: Wir haben diesen Irrweg vermieden. Sowenig wie die Landtiere etwas Sinnvolles über sich selbst erfahren, wenn sie eines Tages feststellen, daß sie nicht so leben und nicht so umkommen wie Fische im Wasser. Die Frage ist vielmehr: Mit welchen Kategorien, Formen, Unterscheidungen beobachten wir eigentlich unser Wirtschaftssystem? Und sind wir möglicherweise durch die Auseinandersetzung mit dem Sozialismus und gerade durch deren Ergebnis motiviert, in dieser zukunftswichtigen Frage falsche, jedenfalls kurzsichtige und unergiebige Schemata zu wählen – nur weil wir uns selbst in der Unterscheidung Marktwirtschaft/Planwirtschaft auf der Siegerseite placieren können?

Von Protest zu Protest

Stärker noch als das Bekenntnis zur sozialen Marktwirtschaft und zu ihrer demokratischen Dividende hat die Gewohnheit zu protestieren einen festen Platz in der Geschichte der Bundesrepublik. Und damit treten wir auch weltweit hervor. Die Themen haben gewechselt, und zwar so schnell, daß biographische Brüche in der Protestiergeneration unvermeidlich gewesen wären, hätte es nicht die Möglichkeit gegeben, von Protest zu Protest überzugehen. Auf Proteste gegen Remilitarisierung und Atombewaffnung folgen Ostermarschierer und Notstandsopposition, Studentenbewegung und Neomarxismus, Bürgerinitiativen-Initiativen, Antiberufsverbot-Kampagnen, Friedensbewegung, Frauenbewegung, Selbsthilfegruppen und mit besten Ergebnissen die Ökologiebewegung. Neue soziale Bewegungen formieren sich unter dem Zeichen des »Wertewandels« und nehmen Übersiedler

aus den marxistischen Lagern auf, die nur noch an ihrem Akzent zu erkennen sind. Verteilungsthemen werden durch Risikothemen ergänzt, wenn nicht ersetzt. Man bleibt alternativ. Dagegensein verpflichtet. Und der Bedarf für Ersetzung alter Themen durch neue Themen, das heimliche Diktat der Massenmedien, trägt Wichtiges zur Aktualisierung von Aufmerksamkeit bei. In Paris sieht man das zuweilen als eine Sequenz typisch deutscher Neurosen. Das mag sein. Aber es hat in einem Kontext funktionierender Demokratie auch einen Frühwarneffekt, vor allem in bezug auf Probleme der Ökologie und auf die Themen eines möglichen politischen Widerstandes.
Die Marktwirtschaft und der Protest – wenn das die Leistungen waren, könnte man sich am Ende der Bundesrepublik fragen, ob das kontinuieren soll. Man wird es weder aufgeben wollen noch aufgeben können. Aber vielleicht könnte man die Naivität etwas reduzieren, mit der Bejahung und Verneinung in der Bundesrepublik betrieben worden waren. Die Herausforderungen der Zukunft haben ein anderes Format.

Der Fussball

Die moderne Gesellschaft leidet nicht länger an den Widersprüchen des Kapitalismus, weder in der Sache noch intellektuell. Selbst die ehemals staatssozialistischen Länder beginnen zu lernen, daß man ohne unternehmensspezifische Bilanzen nicht entscheiden kann, was wirtschaftlich rational ist und was nicht. Das erfordert eine Verrechnung von marktabhängigen Geldkosten, Materialkosten und Arbeitskosten im quantitativen Medium des Geldes. Darüber scheint man sich einig zu sein. Aber damit sind nicht alle Probleme gelöst. Denn dies war vielleicht gar nicht das zentrale Problem der modernen Gesellschaft.

Was gegenwärtig eher erschreckt oder zumindest überrascht, ist das virulente Auftreten wirtschaftlich chancenloser Stammesnationalismen, oft mit religiösem Treibstoffzusatz. Die artifiziellen Nationenbildungen der frühen Neuzeit, die sich dem Buchdruck und der für ihn geschaffenen Einheitssprache verdanken, verlieren an Integrationskraft und externer Souveränität. Offenbar kann man aber auf die Schwere und Bodenständigkeit nationaler Zugehörigkeiten nicht so leicht verzichten. Hydraartig bilden sie sich neu, für einen gefallenen Kopf viele andere.

Das muß nicht gleich als ein antimoderner Anachronismus verstanden werden. Eher könnte ein Rückgriff auf das Gegensatzpaar von Leichtigkeit und Schwere (leggerezza/pesantezza) überzeugen, das Italo Calvino in der ersten seiner *Lezioni Americane* als Stichwort für das kommende Jahrtausend vorstellt. Und in der Tat: Die weltweiten internationalen Dispositionen sind von einer eigentümlichen Leichtigkeit und Flüchtigkeit, mag man an die internationalen Finanzmärkte oder die Mode, das Aufgreifen und Erproben wissenschaftlicher Theorien oder an die Prozesse des Anwärmens und Abkühlens politischer Beziehungen denken. Die Rapidität der Massenmedien und die elektronisch vermittelte Kommunikation haben denselben Effekt. Um das aushalten zu können, braucht man offenbar Gegengewichte der Schwere, der Bindung, des dumpfen, indisponiblen Gefühls, für das man selber nichts kann, in das man gewissermaßen hineingeboren ist.

Man müßte es bei dieser Gegenüberstellung belassen, gäbe es nicht – den Fußball. Mehr als irgendeine andere

Spezialität der Moderne eignet er sich dazu, die Einheit von Leichtigkeit und Schwere zu symbolisieren. Sein System hat keinen Zweck, aber es ist bistabil, man kann gewinnen und verlieren. Die Positionen auf dem Feld und auf der Tabelle wechseln ständig – auf Grund größter Anstrengung, aber dann doch irgendwie schnell und leicht. Der Marktwert ist kaum zu überschätzen, man kann nicht nur die Bälle kaufen, sondern auch die Spieler. Aber die Zuschauer können sich mit dem Gewicht ihrer nationalen Gefühle, ihre Fans sogar mit dem Gewicht ihrer Körper engagieren. Der Ball fliegt durch die Luft – und fällt zu Boden, und auch die Fotografen haben einen Sinn dafür. Sie fotografieren die Spieler gern ohne Bodenberührung in der Luft oder am Boden liegend, laufend oder ineinander verhakt, so als ob es gälte, das Symbol Fußball mit seinen beiden Seiten zu präsentieren: mit Leichtigkeit und Schwere. Und schließlich symbolisiert die Rundheit des Balles genau das: Leichtigkeit und Schwere in einem.

Niemand wird erwarten, daß Probleme der skizzierten Art auf der Ebene ihrer Symbolisierung gelöst werden können. Eher wird man vermuten dürfen, daß die Unlösbarkeit des Problems die Faszination durch das Symbol erklärt.

Risiko auf alle Fälle

Schwierigkeiten bei der Beschreibung der Zukunft

Die Zukunft macht uns Sorgen. Der einzelne mag mit einiger Sicherheit seiner Rente entgegensehen, die Distanz verringert sich von Tag zu Tag, und entsprechend nimmt die Erwartungssicherheit zu. Aber was wird aus der Menschheit, was wird aus der Gesellschaft werden? Welche Lebensbedingungen werden die »künftigen Generationen« vorfinden – gesetzt den Fall, daß es sich dabei überhaupt noch um Menschen handeln wird und nicht um gentechnologisch grundlegend veränderte, genormte und nach Programmen differenzierte humanoide Lebewesen?

Die intellektuellen Ressourcen des Nachdenkens über Zukunft bieten heute wenig Perspektiven. In dem Maße, als die Erkenntnistheorie darauf verzichtet, das sogenannte »Problem der Referenz« zu lösen, wird alles Erkennen zur Konstruktion, das heißt: zum Korrelat gegenwärtiger Operationen. In dem Maße, als die Avantgarde der Kunst mit ihrem Versuch, den Begriff der Kunst als Kunstwerk zu sichern, auf ein »immer anders« gekommen ist, kann man nur noch empfehlen, unter den etablierten Formen auszuwählen. Die Postmoderne hat für die Zukunft nur das Rezept: so weitermachen. Auch sonst findet man dieses Muster. In dem Maße, als das Jahrhundertexperiment einer sozialethischen Steuerung der Wirtschaft, der Sozialismus, gescheitert ist und sich gerade wirtschaftlich als Katastrophe erwiesen hat, bleibt nur noch das Rezept des wirtschaftlichen Liberalismus, der Marktwirtschaft.

Die Zukunft mag dann noch Preisschwankungen oder, wenn man nicht aufpaßt, Inflationen bieten und Gewinne und Verluste am Markt. Man liest die Zukunft und projektiert Rationalität an Hand von Budgets und Unternehmensbilanzen, an Hand von gegenwärtig erkennbaren Unstimmigkeiten.

In der Politik schließlich ist niemand mehr gegen Demokratie. Aber das scheint nun darauf hinauszulaufen, daß periodisch zwischen verschiedenen politischen Parteien gewählt wird, die sich in ihren Werten, Programmen und Versprechungen nicht mehr unterscheiden, von der Kritik des Geschehens leben und Personen mit größerem oder geringerem Unterhaltungswert zur Wahl stellen.

Es braucht nicht zu wundern, wenn unter diesen Umständen wieder einmal vom »Ende der Geschichte« gesprochen wird. Die Zukunft wird man am schnellsten los mit der Feststellung, daß es sie gar nicht gibt.

Fassungslose Gegenwart

Es gibt sie doch, sagen andere. Die Technik hat sich als ein ökologischer Faktor ersten Ranges erwiesen. Sie wird die Menschheit im Zusammenwirken mit der Umwelt zerstören oder auf eine Kümmerexistenz reduzieren, wenn wir uns, am Ende der Geschichte angekommen, auf ein So-Weitermachen beschränken. In diesem Kontext Technik/Ökologie gesehen, wird die Zukunft anders sein als die Gegenwart. Das Anderssein ergibt sich genau daraus, daß wir so weitermachen. Die Zukunft liegt nicht mehr im Zweck, nicht mehr im Plan. Sie wird, wie einst das Jüngste Gericht, als Überraschung kommen und als Umkehrung aller Bewertungen. Aber da diese Überraschung bereits angekündigt ist, kann sie nicht einmal mehr überraschen. Also doch keine Zukunft, sondern nur eine fassungslose Gegenwart?

Zukunft oder keine Zukunft – lohnt es sich, darüber zu streiten? Jeder wird sich auf seine Weltkenntnis berufen, wird gleichsam aus erster Hand berichten, wird beschreiben, was er beobachten kann. Daher mag es sich empfehlen, von »Was-Fragen« zu »Wie-Fragen« überzugehen. Damit gerät man in eine Perspektive der Beobachtung zweiter Ordnung, der Beobachtung von Beobachtern.

Und die Frage ist nicht mehr, was uns bevorsteht, sondern wie beschrieben wird, was uns bevorsteht. Das Interesse richtet sich auf die Form von Zukunftsbeschreibungen.
Die europäische Tradition bietet hierfür eindeutige, nie radikal veränderte Vorgaben. Alle Veränderungen findet man am selben Modell. Man war zunächst davon ausgegangen, daß die Natur die Zukunft als Perfektion der Natur vorsah, allerdings mit Möglichkeiten des Mißglückens, der Korruption. Bei aller Konstanz der Wesensform hatte man es mit Variation auf der Ebene der Ereignisse zu tun. Nicht im Substantiellen, aber im Akzidentellen war mit Geschichte zu rechnen. Dieses Ausgangsmodell war in der Neuzeit angesichts zunehmender Komplexität der Gesellschaft und ihres Wissens nicht mehr zu halten. Es wurde spätestens im achtzehnten Jahrhundert in verschiedenen Hinsichten variiert. So wurde von Perfektion auf Perfektibilität umgestellt mit geringerer Sicherheit in der Frage, ob die Perfektion auch erreicht werden würde. Rousseaus *Emile* bot dafür die Perspektive.
Die Annahme konstanter Wesensformen wurde durch die Fortschrittsidee ersetzt, in der das Entscheiden, Handeln, Herstellen, Produzieren der Menschen die führende Rolle übernahm. Geschichte wurde als Evolution rekonstruiert mit der Folge, daß man nun das Substantielle durch das historisch Akzidentelle erklären konnte. Substanzbegriffe

wurden durch Funktionsbegriffe ersetzt, die Menschheit als naturale Kategorie durch den Begriff der Population und durch den Begriff des Subjekts – in beiden Fällen mit größerem Spielraum für Individualität. Das alles enthielt aber noch Richtlinien für die Zukunft, auch wenn man über das Wünschenswerte und über geeignete Verfahren streiten konnte. Noch in den heutigen Planungs- und Steuerungstheorien ist eine Einheitsperspektive bewahrt, die die Zukunft aber bereits als fatale Differenz vorsieht, nämlich als Differenz zwischen den beabsichtigten und den unbeabsichtigten Folgen des Handelns. Je weiter die Zukunftsperspektive reicht, desto mehr werden dann die unbeabsichtigten Folgen die Zustände bestimmen, und die Absichten haben schließlich nur noch den Sinn, sicherzustellen, daß überhaupt gehandelt wird.

Ist man so weit gelangt, liegt es nahe, die Beschreibung der Zukunft ganz auf eine differenztheoretische Form umzustellen. Dazu eignet sich die Form der Wahrscheinlichkeit. In die Zukunft projizierte Zustände sind, von der Gegenwart aus gesehen, entweder wahrscheinlich oder unwahrscheinlich. Das setzt voraus, daß man zwischen der gegenwärtigen Zukunft und den künftigen Gegenwarten unterscheiden kann. Nur dann kann man diese Differenz mit der Annahme von Wahrscheinlichkeiten/Unwahrscheinlichkeiten überbrücken. Schon die Statistik erzeugt eine fiktionale Realität, die in keinem Einzelfall – und es gibt nur Einzelfälle – stimmen muß; sie dupliziert die Realität sozusagen durch eine Fiktion. Projiziert man diese Technik auf den Zeitunterschied von gegenwärtiger Zukunft und künftigen Gegenwarten, dann heißt dies, daß die Zeit selbst dupliziert wird. Die Differenz von Gegenwart und Zukunft kommt zweimal zum Zuge; als gegenwärtige Zukunft und als chronologisches Nacheinander von künftigen Gegenwarten. Die je aktuelle, das heißt letztlich immer gegenwärtige Perspektive auf Zukunft beruht auf einem Unterscheiden von Unterscheidungen.

Erst wenn man über Zukunft so komplex denkt, kann man sehen, wie sehr und in welcher Weise wir unsere Gegenwart mit Zukunft überlasten. Wenn wir die Differenz von gegenwärtiger Zukunft und künftigen Gegenwarten durch Annahmen über Wahrscheinlichkeit und Unwahrscheinlichkeit überbrücken, heißt dies, daß über Zukunft nur im Modus der Unsicherheit gesprochen werden kann. Im Falle sozialer Meinungsverschiedenheiten kann keine Seite sich auf Sicherheit berufen. Der Wert von Prognosen – zum Beispiel über die wirtschaftliche Entwicklung – liegt nur noch in dem Tempo, in dem sie korrigiert werden.

Horizont von Entscheidungen

Auch Versuche, Einheit – und damit Überzeugungskraft – wiederzugewinnen dadurch, daß man Wahrscheinliches und Unwahrscheinliches quantitativ mit anderen meßbaren Werten verrechnet und die Zukunft auf diese Weise saldiert, sind fehlgeschlagen. Das zeigt die gesamte Diskussion über die ökologischen Risiken der modernen Technik. Man kann vielleicht zeigen, daß das Risiko, neben einem Kernkraftwerk zu wohnen, nicht größer ist als das Risiko, auf das man sich einläßt, wenn man im Jahresdurchschnitt drei Kilometer mehr Auto fährt. Aber dem Argument fehlt jede Überzeugungskraft. Lieber halten wir uns, was Zukunft betrifft, an Differenzen.

Die Konsequenz ist: Über Zukunft kann man sich nur noch verständigen. Dabei entfallen zwei traditionelle Prämissen: die Prämisse der Autorität auf Grund besserer Kenntnis der Zukunft und die Prämisse der Gestaltbarkeit künftiger Verhältnisse. Statt dessen muß das Objekt der Verständigung eine Entscheidung sein, denn zumindest so viel ist sicher, daß die künftigen Gegenwarten auch davon abhängen werden, wie gegenwärtig entschieden wird. Ja, mehr noch: Was überhaupt als mehr oder weniger wahrscheinlich oder unwahrscheinlich ins Gewicht fällt, kann man erst ausfindig machen, wenn man vorab schon weiß, welche Entscheidung ansteht. Die Zukunft muß im Horizont von Entscheidungen beschrieben werden. Die Zukunft der Gegenwart – das ist nichts anderes als ein zirkuläres Verhältnis zwischen den immer nur in der Gegenwart möglichen Entscheidungen und den dadurch in den Bereich des Möglichen eintretenden künftigen Gegenwarten. Die Entscheidungen legen den Bereich ihrer Parameter, den Bereich des Wahrscheinlichen/Unwahrscheinlichen fest, von dem dann abhängig gemacht wird, ob und wie entschieden wird.

Politisch heißt das: Es gibt keine Autorität auf Grund von Natur oder Wissen oder Vernunft, sondern nur Autorisierungen (das war schon Hobbes zentrale These, siehe *Leviathan* II,17). Kontroversen müssen in der Form der Auflösung von Sicherheit in Unsicherheit geführt werden. Es gibt keine richtigen Entscheidungen, sondern nur Möglichkeiten des differenzmachenden Eintritts in die zirkuläre Bestimmung von Entscheidung und Zukunft, Möglichkeiten des »Symmetriebruchs« und der Einrichtung von Irreversibilität, um es mit Prigogine zu formulieren. Und deshalb mag es sich empfehlen, Entscheidungen im Probierstil zu entwerfen, sie unter Revisionsvorbehalt zu stellen, sie an Lernmöglichkeiten auszurichten oder sie so zu wählen, daß sie mehr Wahlmöglichkeiten erzeugen als vernichten.

Entscheidungen sind die einzigen uns noch verbliebenen Zukunftsbeschreibungen. Das mag erklären, weshalb wir Zukunft heute vor allem unter dem Gesichtspunkt eines Entscheidungs- oder Unterlassungsrisikos wahrnehmen: eines Risikos auf alle Fälle.

Wie haben wir gewählt?

Aber haben wir wirklich gewählt –
oder hat das Volk gewürfelt?

Das politische System befindet sich in einer schwierigen Situation, nicht nur kurzfristig, sondern vor allem langfristig gesehen, und nicht nur in der Bundesrepublik, sondern in vielen Demokratien. Der quantitative Mechanismus der politischen Wahlen erlaubt es, Stimmen zu zählen, Prozentzahlen auszurechnen und Prozentgewinne oder -verluste zu notieren. Das ermöglicht Entscheidungen über die Besetzung von Positionen und Planungen für durchsetzbare Politikprogramme. Insoweit ist die Welt in Ordnung, bürokratisch gesehen. Und doch geben die gerade überstandenen Wahlen zu denken. Man hätte dasselbe Resultat viel einfacher haben können, wenn man Münzen geworfen hätte – Kopf oder Zahl. Und auch das hätte man gar nicht tun müssen, denn die Statistik lehrt ohnehin, daß ein 50:50 Ergebnis herausgekommen wäre. Warum also der Umstand?

Man wird einwenden, es gebe auch die kleineren Parteien. Aber die sind nur dazu da, auch diejenigen Wähler in eine Koalition einzusteuern, die mit den großen Parteien unzufrieden sind. Man wird weiter einwenden, daß immerhin extrem geringe Differenzen zwischen Mehrheit und Minderheit entstehen, die man statistisch nicht simulieren könne. Das ist richtig, führt aber nur zu der Frage, ob dies denn das quantitative Äquivalent sein soll für die Entscheidung, wer regieren soll und wer nicht.
Wenn die Verteilung der politischen Kräfte auf Regierung und Opposition von derart geringfügigen Differenzen abhängt (und ein paar Prozente mehr oder weniger würden mein Argument nicht ändern), kann man nur den Schluß ziehen, daß »das Volk« nicht gewählt hat. Es hat nur gewürfelt. Die Politiker sollten sich daher die Frage stellen, warum dies so ist.
Es wäre sehr vordergründig, den Stil des Wahlkampfs zu beklagen. Sicher fällt auf, daß die Parteien mehr als sonst ihre eigenen Sorgen als solche des Wählers behandelt haben. Man bekam zu hören, daß sie für Wählerstimmen »kämpfen« wollen, daß es um Erhalt einer Partei gehe oder um die Arithmetik künftiger Koalitionsbildung. Man bekam Eigennamen von Parteien und Personen vorgesetzt mit der berechtigten Erwartung, die Nennung von Namen erübrige die Nachfrage, um was es sich eigentlich handele. Ähnlich selbstbezogen läuft die politische Kommunikation seit langem. Die Vehemenz und die

moralische Tonlage der Vorwürfe, mit denen die Parteien sich gegenseitig traktieren, läßt sich nur dadurch erklären, daß eine genauere Formulierung sehr rasch zeigen würde, wie stark sie jeweils selbst betroffen sind. (Man erinnere sich an die Bürokratiedebatte Ende der siebziger Jahre.) Auch die Verfassungsreform wurde im wesentlichen an Hand von Alltagsproblemen und Stimmenkalkülen der politischen Praxis diskutiert, und bei wichtigen politischen Fragen wird typisch immer mitgesehen und mitberichtet, was für die Parteien von ihrer Entscheidung abhängt. Das Gewinnen oder Verlieren von Wählerstimmen wird, so muß es einem Beobachter erscheinen, zum eigentlichen Sinn des politischen Geschäfts. Aber wieso wird den Bürgern zugemutet, sich dafür zu interessieren, wenn sie nicht selbst eine politische Karriere anstreben?

Ein Grund für diese auffällige Selbstbezüglichkeit der Politik dürfte darin liegen, daß die Beziehungen zwischen dem politischen System und dem Wirtschaftssystem sich geändert haben und daß es der Politik nicht mehr gelingt, politische Fronten und Optionen an Differenzen auszurichten, die das Wirtschaftssystem vorgibt. Die These mag verblüffen, da die Konjunkturen der Wirtschaft nach wie vor und sogar mehr als früher das politische Geschehen bestimmen. Aber die Frage ist, ob *Differenzen,* die das Wirtschaftssystem strukturieren, sich gleich in *politische* übersetzen und zum Ausdruck bringen lassen. Und das wird man bezweifeln müssen.

Das 19. Jahrhundert hatte an der Fabrikorganisation eine Differenz von Industriekapital und Arbeit abgelesen. Es hatte voraussetzen können, daß der Eigentümer zugleich Kapitalgeber oder Kreditnehmer sei und sich dafür durch Profite entschädige – mehr als genug, wie manche meinten. Demgemäß wurde der Wohlfahrtsstaat über rechtliche und steuerliche Belastungen des Eigentums und über Lohnnebenkosten aufgebaut. Das mochte, in Konkurrenz zu strikt sozialistischen Regimes, als politisches Erfolgsrezept dieses Jahrhunderts gelten, und die politische Verhandlungsmasse lag dann nur noch in der Frage, wie weit die wohlfahrtsstaatliche Intervention zu treiben oder wie weit der Wirtschaft ein erhebliches Maß an Selbstversorgung mit Kapital zuzubilligen sei, weil nur sie darüber wirtschaftlich entscheiden könne.

Diese Voraussetzungen haben sich durch Entwicklungen auf den internationalen Finanzmärkten und durch die zunehmende Kreditabhängigkeit von Investitionen und Konsum grundlegend geändert. Fast ist es normal geworden, daß man an Vermögen verliert, wenn man sein Eigentum halten will, so wie umgekehrt die Erhaltung von Vermögen die Nutzung der Dispositionsmöglichkeiten des Marktes für Finanzanlagen voraussetzt. Wer Risiken sucht mit raschen Möglichkeiten der Korrektur, wird gut beraten sein, wenn er nicht investiert, sondern spekuliert. Man übertreibt nicht, wenn man annimmt, daß heute die Segmentierung des Wirtschaftssystems nach

Produktionsbetrieben (Dienstleistungen eingeschlossen) und Märkten ersetzt worden ist durch eine Zentrum/Peripherie-Differenzierung.

Im Zentrum der Wirtschaft operiert das Finanzsystem und die Organisationshierarchie der Zentralbanken, Geschäftsbanken und Kreditnehmer, während Produktion und Arbeitsmöglichkeiten zur Refinanzierung von Konsum an die Peripherie des Systems gedrängt sind und entscheidend davon abhängen, welche Kredite ihnen zu welchen Bedingungen gewährt werden. Das heißt natürlich nicht, daß Produktion unwichtiger geworden ist, wie voreilige Theorien über die »postindustrielle Gesellschaft« behaupten. Im Gegenteil: Das Zentrum würde kollabieren, wenn es keine Peripherie gäbe, die Kredite nachfragen und Liquidität abspeichern würde. Bemerkenswert ist nur die neue Form der übergeordneten Differenzierung, die das politische System vor ganz neuartige Probleme stellt: und zwar vor Probleme, die mit dem alten Parteienspektrum weder wahrgenommen noch zur Wahl gestellt werden können.

Es müßte sich jetzt eine Partei bilden, die für Industrie und Arbeit einsteht. Das politische Problem dabei wäre, daß es der Wirtschaft schon im 19. Jahrhundert nicht gelungen war, das Verhältnis von Kapital und Arbeit durch ein rein ökonomisches Kalkül zu regulieren, obwohl man sehr wohl gesehen hätte, daß die Reproduktion von Arbeitskraft zu den Aufgaben der politischen Ökonomie gehöre. Heute läßt sich dieses Problem nicht mehr externalisieren, indem man es wie eine Naturtatsache behandelt, der man mit Mindestlöhnen auf Subsistenzniveau Rechnung zu tragen habe. Zu stark ist die Refinanzierung von Konsumausgaben auf allen Niveaus der Lebensführung an Arbeit gebunden Die Wirtschaft scheint dafür, wie übrigens auch für ökologische Rücksichten, politisch-rechtliche Vorgaben zu benötigen, die den sich ändernden Verhältnissen laufend angepaßt werden müssen.

Eine Partei für Industrie und Arbeit, die hier die Primärziele politischer Entscheidungen sucht, wäre gegenwärtig nur als »große Koalition« denkbar – ob nun in der Form einer gemeinsamen Regierung oder in der Form von aufgezwungenen Verständigungen. Das führte aber zu der Frage nach den Möglichkeiten einer politischen Opposition gegen ein solches Regime. Es gibt Sorgen genug, zum Beispiel solche, die in den neuen sozialen Bewegungen zum Ausdruck kommen, Sorgen um Technikfolgen oder ökologische Probleme, oder Sorgen, die mit Migrationsproblemen, mit zunehmender Gewaltbereitschaft, mit Ghettobildungen in den Städten zu tun haben. Und es gehört nicht viel Phantasie dazu sich vorzustellen, daß diese Probleme in absehbarer Zukunft an Dringlichkeit zunehmen werden. Man kann sogar fragen, ob Interessenkonflikte, mit denen die Politik sich in ihrer bürgerlichen Epoche fast ausschließlich zu befassen hatte, nicht letztlich triviale Konflikte sind und ob uns, wenn man an »fundamentalistische« Strömungen der verschiedensten Herkunft denkt, nicht ganz andere Konflikte ins Haus stehen.

Wenn es uns weiterhin so gut gehen wird wie bisher, ist kaum zu erwarten, daß aus diesen Ansatzpunkten eine Oppositionspartei entstehen könnte, die in der Lage wäre, ein Alternativprogramm zu entwickeln, das das gesamte Spektrum der jeweils notwendigen politischen Entscheidungen abdecken könnte. Man sieht nur die Möglichkeit von Kleinstparteien auf der linken (grünen) und auf der rechten (nationalen) Seite, die jeweils Erlebnisse brauchen, um sich als Parteien zu halten. Für deutsche Verhältnisse muß dieses Bild auf Grund des föderalen Aufbaus des politischen Systems erheblich modifiziert werden. Vor allem auf kommunaler Ebene darf man, das zeigen auch die jüngsten Wahlergebnisse, mit stärker lokal bedingten Abweichungen rechnen; und dies deshalb, weil hier eine ganz andere Struktur von Wirtschaftspolitik, Umweltpolitik und eventuell Fremdenpolitik anfällt. Es könnte deshalb ratsam sein, Dezentralisationen nicht nur in den Staatsverwaltungen, sondern auch in den Personal- und Programmstrukturen der politischen Parteien stärker Raum zu geben.

Das wird das sich ankündigende Schicksal einer »democrazia bloccata« nicht wesentlich abschwächen. Zu sehr beruht die Demokratie, das kann man an Gegenbeispielen aus Südamerika studieren, auf organisatorisch gefestigten Mitgliederparteien, die in der Lage sind, Wahlgewinne und Wahlverluste zu überdauern und sich eventuell in der Opposition zu regenerieren. Und darin liegt umgekehrt auch ein gewisser Immobilismus in der Frage, welche Alternativen eigentlich zur Wahl gestellt werden. Mit Recht sehen die Politiker die Wahl als Antwort auf die Frage: Wer soll regieren? Einem Beobachter mag es deshalb erlaubt sein, die Antwort wieder in einer Frage zurückzuverwandeln.

Statistische Depression

Zahlen in den Massenmedien

Soziologen beobachten, ohne Erklärungen dafür anbieten zu können, nach einem »Wertewandel« einen »Stimmungswandel« in den Erlebniswelten der Individuen. Die Krisen des Wohlfahrtsstaates schlagen sich in pessimistischen Zukunftseinstellungen nieder. Wenn es Trends dieser Art gibt, wird man sie nicht psychologisch, also biographisch erklären können. Eher könnte die Ursache im täglichen Konsum von Produkten der Massenmedien liegen. Auch das verschiebt aber nur das Problem. Die Zeitungen, der Hörfunk und das Fernsehen leben von ihren eigenen Produkten. Sie sind ihre eigenen Leser und Zuschauer, und man steht deshalb vor der Frage, warum sie sich selbst zu zunehmend dunklen Zukunftsperspektiven verführen. Dafür läßt sich eine einfache, eigentlich banale Erklärung finden.

Jeder Zeitungsleser stößt immer wieder auf Informationen, die in der Form von Zahlen angeboten werden.

Sogar im Fernsehen werden Zahlen, zumeist als Tabellen, projiziert und durch Ansager erläutert. Zahlen haben zunächst den bedeutenden Vorzug, jeweils eine bestimmte zu sein – und keine andere. Eine Drei ist unter allen Umständen eine Drei. Wie es dazu kommt, wird selten gefragt. Dem nachzugehen, wäre eine Sache für Protomathematiker. Unter ihnen könnte man George Spencer Brown erwähnen. Die folgenden Überlegungen gehen in eine andere Richtung.

Was die Massenmedien berichten, sind typisch nicht nackte Zahlen, sondern Zahlenverhältnisse. Sieben Tote bei einem Unfall. Vor allem findet man aber Zahlenvergleiche. Sie können als regionale Vergleiche oder als Zeitvergleiche angeboten werden. Die Zunahme des Bruttosozialprodukts im Lande X beträgt 3,7 Prozent, im Lande Y dagegen nur 3,1 Prozent. Wieso »nur«? Wir halten diese Frage zunächst einmal fest.

Noch dramatischer findet man dieselbe Tendenz im Zeitvergleich: Die Zunahme des Bruttosozialprodukts hat von 3,1 Prozent zu 3,7 Prozent zugenommen oder in umgekehrter Richtung abgenommen. Wir brauchen nicht zu verstehen, um was es sich handelt, und erst recht nicht, was es bedeutet. Das Problem, um das es hier geht, steckt in den Zahlenverhältnissen selbst. Vier ist mehr als drei, aber eben deshalb ist auch drei weniger als vier. Im Verhältnis der beiden Zahlen ist also »mehr« immer auch »weniger«. Man kann das eine nicht ohne das andere haben, und dies ohne zu rechnen! Das Paradox »mehr ist weniger« wirkt hinterrücks, ohne daß man den Einfluß bemerkt oder gar ihn auf »Manipulation« zurückführen kann. Der Effekt kommt unbemerkt zustande.

Man denkt nämlich Verhältnisse von Zahlen oder von weicheren Angaben wie älter/jünger, mehr/weniger, höher/niedriger als Positionen auf einer Reihe. Besonders die Eindeutigkeit der Zahlen verstärkt diese Illusion. Tatsächlich handelt es sich jedoch, wenn ein Vergleich im Spiel ist, immer um zwei Reihen. Die eine führt von weniger zu mehr, die andere von mehr zu weniger. Wer größer wird, wird auch kleiner, wer älter wird, wird auch jünger.

Wie Gilles Deleuze (*Logique du sens,* Paris 1969) gezeigt hat und wie Alice im Wunderland erfahren mußte, wird zwar nur die eine Reihe beleuchtet: Es geht uns besser (nicht schlechter), wir werden älter (nicht jünger), wir steigen auf (nicht ab). Und es kann auch nicht beides zugleich der Fall sein. Eine 3,1 ist niemals eine 3,7. Aber genau diese Eindeutigkeit täuscht. Denn bei bewerteten Vergleichen wird mit dem Erreichen der besseren Position die geringere zugleich schlechter, was sie für sich genommen gar nicht sein muß.

Vielleicht waren wir mit 40 Arbeitsstunden pro Woche ganz zufrieden gewesen, denn wir waren von 48 gekommen. Wenn wir nach harten Verhandlungen bei 38¼ angelangt sind, empfinden wir die Rückkehr zu 40 als eine

Zumutung; und wir sind fest entschlossen, solch ein Unrecht zu verhindern – und sei es mit Kosten, die in anderen Statistiken zutage treten werden. Wir rechnen mit Verständnis, wenn wir streiken, um nicht zurückversetzt zu werden in eine Lage, mit der wir früher doch ganz zufrieden waren.

Dasselbe Problem stellt sich bei interregionalen Vergleichen. Wenn ein Land bei der Kindersterblichkeit vergleichsweise gute Zahlen schreibt, finden sich andere Länder mit schlechteren Zahlen Fragen ausgesetzt. Ein solcher Vergleich hat bei uns seinerzeit die »Bildungskatastrophe« ausgelöst. Heute gilt es als Katastrophe, daß die Zahl der Studierenden von Jahr zu Jahr zunimmt, ohne daß die Hochschulkapazitäten entsprechend nachgerüstet werden, von ausbildungsadäquaten Arbeitsplätzen ganz zu schweigen. Um Mißverständnissen vorzubeugen: Es geht hier nicht um die Frage, ob Kindersterblichkeit schlecht oder Bildung gut ist. Es geht nicht um eine Umwertung solcher Werte. Es geht ausschließlich um eine Bewertung erreichter Niveaus und in diesem Zusammenhang dann um Möglichkeiten einer Reflexion von Grenzen des Möglichen.

Die Kombination von Zahlenverhältnissen, Statistiken und Bewertungen, die uns die Massenmedien täglich vor Augen führen, hat also beträchtliche Konsequenzen. In einer Gesellschaft, die das Zentralphantom »Wachstum« pflegt, sind die Folgen besonders augenfällig. Mit dem

Wachstum wachsen auch die Depressionen. Und das liegt nicht nur daran, daß wir nicht alles erreichen, was wir uns wünschen, oder einige es schneller erreichen als andere; ja nicht einmal daran, daß es einigen besser geht als vorher und anderen schlechter. Das alles ist sicher der Fall und soll als Problem der Verteilung weder bestritten noch abgeschwächt werden. Aber wieso ist die eine Lage schlechter, wenn die andere besser ist? Was zwingt uns, im Schema des Vergleichs zu denken?

Wir wissen, daß man nicht vom Baum der Erkenntnis hätte essen sollen. Dabei ging es aber um die Unterscheidung von Gut und Böse, unter der wir seitdem leiden. Aber vielleicht gab es noch eine andere Frucht, die ebenfalls unter das Verbot fiel: die Unterscheidung von mehr und weniger. Auch dieser Unterscheidung liegt ein Paradox zugrunde, das sie auflöst und dadurch verdeckt. Der Unterschied blockiert den Durchblick auf die Frage, warum überhaupt so unterschieden wird. Neben dem moralischen Code des Handelns gibt es offenbar einen formal analog gebauten Code des Erlebens, der die zwei Reihen von schlechter zu besser und von besser zu schlechter wie eine einzige Reihe mit eindeutigen Bewertungen behandelt.

Im Paradies waren sicher nicht alle Unterscheidungen verboten. Man wird zum Beispiel annehmen dürfen, daß Adam imstande war, Eva von der Schlange zu unterscheiden. Aber fatale Unterscheidungen eines bestimmten Typs sollte es nicht geben. Nach dem Sündenfall ist daran offenbar nichts mehr zu ändern. Die intellektuelle Ausrüstung moderner Analytik erlaubt es, dies zu durchschauen, aber wird das Durchschauen etwas ändern können?

Borniert und einfühlsam zugleich

Schön, daß wir so ungeniert plaudern
Eine soziologische Betrachtung

Im intellektuellen Diskurs der Moderne wird das Individuum zumeist dargestellt als ein Subjekt, das sich selbst beobachtet und nach Selbstverwirklichung strebt: Wenn es nur aus gewaltsamer Fremddetermination emanzipiert werde könnte (und dabei denkt man nicht nur wie früher an die Hausgewalt, sondern an die gesellschaftliche »Gewalt«), würde es die eigenen Vorstellungen von sich selbst verwirklichen können. Diese moderne Vorstellung des Individuums als eines Subjekts, das sich selber und allem anderen zugrunde liegt, oder maßvoller: Die Vorstellung des Individuums als eines sich selbst beobachtenden Beobachters wird oft auf gesellschaftsstrukturelle Bedingungen zurückgeführt – in der klassischen Soziologie auf Arbeitsteilung oder Rollendifferenzierung, in moderneren Theorien auch auf die strukturelle Differenzierung des Gesellschaftssystems. Der Modus der Integration von

Individuum und Gesellschaft ist unter heutigen Bedingungen nicht mehr durch Geburt und Herkunft bestimmt, sondern durch Zukunft, und das heißt konkret: durch Karriere nach oben, nach unten, als Aussteiger, Rückzügler oder auch, wenn man eine »Stelle« hat, in der Form eines dauernden Winterschlafs mit reduzierten Antrieben, aber immer in dem Wissen, daß es an sich andere Möglichkeiten gibt.

Das alles soll hier nicht bestritten werden. Aber liefert dieser »Mainstream«-Diskurs ein zureichendes Bild in der Frage, wie die moderne Gesellschaft sich auf die Individuenpopulation auswirkt? Und könnten Zusatztheorien vielleicht mehr als die »kritische« Theorie der Emanzipationstragödie zur Erklärung von Phänomenen beitragen, die uns gegenwärtig vor allem in politischen Kontexten auffallen? Die These dieses Beitrags ist, daß die moderne Gesellschaft die durch sie betroffenen Individuen zu entgegengesetzten Einstellungen anreizt: zu Empathie und zu Borniertheit.

Wir beobachten einerseits eine erstaunliche Steigerung der Fähigkeit, sich in andere Wesen einzufühlen. Das kann sich als ein geradezu freudianisches Verständnis für die latenten Motive anderer Personen und entsprechend als Therapierungsbedürfnis auswirken; aber auch als Mitgefühl mit allen Lebewesen, mit aussterbenden Arten, mit nicht mehr reparierbaren Gebäuden, mit sozial und ökonomisch unterdrückten Bevölkerungsschichten, mit den künftigen Generationen im Vorgriff auf die nächsten Jahrhunderte. Und auch die schon längst ausgerotteten Wesen profitieren von solchen Empfindungen: Die 500-Jahr-Feier der Entdeckung Amerikas konnte nicht ohne nostalgische Rückblicke auf die menschlichen und kulturellen Verwüstungen begangen werden, die ihre Folge waren. Wenn Mitgefühl für eines dieser Objekte gegeben ist, kann man vermuten, und darauf beruhen soziale Bewegungen kleinsten und größeren Umfanges, daß die so Fühlenden auch für andere Objekte ansprechbar sind, wenn es darum geht, daß denen etwas angetan wird. Will man diese Disposition auf eine Formel bringen, könnte man sagen, daß ihr die Fähigkeit zur Selbstbeobachtung zugrunde liegt. Oder genauer: die Neigung, sich selbst als Beobachter zu beobachten und sich mit dem eigenen, individuellen Beobachtungsstil zu identifizieren. Ja, gibt es überhaupt eine andere Art der Selbstidentifikation? Schon der Bildungsemphase der bürgerlichen Tradition lag diese Beobachtung des Individuums als Weltbeobachter zugrunde. Und Bildung scheint heute durch Empathie ersetzt zu werden. Man kann nicht den kleinsten lateinischen Satz aussprechen, ohne daß die Zuhörer, auch in Universitäten, zugeben (!), daß sie ihn nicht verstehen. Aber man kommt in Schwierigkeiten, wenn man von Negern spricht oder von Schwarzen oder von Farbigen, während es noch nicht üblich ist (und hier würde man auf Borniertheit stoßen), von Afrodeutschen zu sprechen. Den Politikern empfiehlt sich unter solchen Bedingungen das Ausweichen in die »lingua blablativa«, dem Wissenschaftler das Ausweichen in die Theorie.

Andererseits beobachtet man auch – und gleichzeitig – das Zutagetreten massiver Borniertheiten. Dabei ist es nicht das Problem, daß das Individuum borniert denkt. Das sowieso. Was auffällt, ist die Kommunikation bornierter Meinungen in der Erwartung von Zustimmung – wenn nicht von allen, dann doch von Gleichgesinnten. Borniertheit zeigt sich zustimmungsfähig vor allem in religiösen und ethnischen Fundamentalismen, die bis in nationale Engstirnigkeit ausgeweitet werden können. Formal gesehen, geht es darum, daß man seinen Präferenzen soziale Grenzen setzt – die Kroaten ja, die Serben nein, die Schiiten ja, die Sunniten nein. Das heißt mit Entschiedenheit, daß die Empathie nicht über diese Grenzen hinausreicht, obwohl man zugleich weiß, daß sie kontingent gezogen sind und zu vielerlei anderen Interessen, vor allem natürlich wirtschaftlichen und intellektuellen Interessen, in Widerspruch geraten. Zur Borniertheit gehört daher auch eine gewisse Rücksichtslosigkeit in der Behauptung des Vorrangs der bornierten Interessen vor allen anderen. Ganz offensichtlich gehört die grassierende Ausländerfeindlichkeit in diesen Zusammenhang.

Mit Empathie und mit Borniertheit reagieren Individuen auf Überforderung durch die moderne Gesellschaft.

Fernsehen fördert beides – ganz unabhängig von etwaigen Intentionen der Programmgestalter einfach deshalb, weil es Situationen, in denen andere sich als Beobachter bewegen, nahebringt. Aber auch der Verlust der Möglichkeit, die Gesellschaft (oder zumindest lokale, dörfliche, städtische oder regionale Ausschnitte) durch Moral zu integrieren, wirkt in diese Richtung. Einerseits expandiert der Code der Moral weltweit. Das betrifft die Möglichkeit, gut und schlecht zu unterscheiden. Es gibt kein menschliches Verhalten, das dem entzogen wäre. Moral ist nicht mehr nur die Moral des Nächsten. Auch die Fernstehenden sind nicht einfach anders als »wir«, sondern moralisch nach gut und schlecht qualifizierbar. Allein schon die Menschenrechtsdiskussion zeigt diesen universalistischen Anspruch. Und das heißt zum Beispiel, daß Empathie auch als Betroffenheit durch das Betroffensein anderer zum Ausdruck kommen, ja moralisch verlangt werden kann. Aber es fehlt der Konsens über die Kriterien, die es ermöglichen könnten, bestimmtes Verhalten als gut oder als schlecht zu bezeichnen. Schon die Formalität der kantischen Ethik, auch der ohne Festlegung auf bestimmte Präferenzen formulierte ethische Utilitarismus und schließlich der funkelnde Sternhimmel der zahlreichen Werte zeigen dies in der Blässe philosophischer Theorien an: Was hier und jetzt für wen und von wem für richtig gehalten werden soll, bleibt erst noch zu entscheiden.

Deshalb kann man für die eigene Leidensmitfühlbereitschaft ebenso wie für eigene Borniertheit mit moralischem Nachdruck Zustimmung erwarten. Nicht von allen für alles. Aber die Diskrepanz zwischen der universell anwendbaren Unterscheidung gut/schlecht und den konkreteren Kriterien wirkt wie ein sozialer Sortiermechanismus. Es ist erlaubt, die eigenen Vorstellungen zu kommunizieren, und dann wird sich schon finden, daß jemand und wer sie unterstützt. Im Falle von objektbezogenen Empathien ebenso wie im Falle von Borniertheit.

Es wäre unangemessen, für diese Diskrepanz von Empathie und Borniertheit psychologische Erklärungen zu suchen – so als ob es bei Borniertheit um eine innere Empathieabwehr ginge, um einen ökonomischen Haushalt der Psyche, die auf ein Übermaß an Zumutungen durch Grenzziehungen reagiert. Der Konflikt kann, muß aber nicht im einzelnen ausgetragen werden. Entscheidend ist aber, daß beide Sinnzumutungen kommuniziert, und zwar ziemlich ungeniert kommuniziert werden können. In beiden Richtungen gibt es genügend Resonanzerwartungen, und daran vermag auch eine politische Zensierung der Kommunikation wenig zu ändern. Die Differenz produziert öffentlich sichtbare Konflikte, aber auch Widersprüche zwischen der in Bonn offiziell bevorzugten Version und dem, was einem Taxifahrer erzählen. Es fällt leicht, innerhalb dieser Unterscheidung für Empathie und gegen Borniertheit zu optieren. Schon die Wortwahl (die natürlich auch anders hätte getroffen werden können) deutet die Optionsrichtung an. Auch der Trend der öffentlichen Kommunikation geht in diese Richtung, vielleicht einfach deshalb, weil man anderen viele Empathien nebeneinander nahelegen, aber immer nur eine bestimmte Borniertheit gegen alle anderen empfehlen kann. Daraus mögen die Empathisanten Hoffnung schöpfen. Soziologisch bemerkenswert ist aber vor allem, daß unsere Gesellschaft überhaupt diesen Unterschied erzeugt. Vielleicht sollte man sich daher in erster Linie daran gewöhnen, mit Hilfe dieser Unterscheidung zu beobachten.

Chirurg auf der Parkbank

Des Wählers Freiheit, eine Illusion

In diesem Jahr zahlreicher politischer Wahlen wird nicht nur darüber diskutiert, welche Partei man wählen soll. Die Desorientierung hat zwar nicht italienische Ausmaße erreicht, die »politische Klasse« ist noch da und agitiert in gewohnter Weise. Ihre Angebote sind jedoch in einem Maße unattraktiv, daß es schwerfällt, eine Entscheidung zu treffen. Der Eindruck breitet sich aus, daß die Politik den Politikern entglitten ist und sich sozusagen selber macht, ohne daß die Wähler darauf Einfluß nehmen könnten. Die letzte Zuflucht scheint eine nur an Personen orientierte Wahl zu sein. Aber wie sollte man ernsthaft glauben, eine Person könne die anstehenden Probleme lösen? Nicht nur, daß es an Helden fehlt, die Tabus brechen und ungewohnte Freiheiten schaffen könnten. Man sieht nicht so recht, was eine Person überhaupt ändern kann und wie ein Durchgriff durch das dichte

Gespinst der Institutionen, Rechte und Gewohnheiten erfolgen könnte, so daß die Sorgen des täglichen Lebens gemildert oder doch in weniger belastende Sorgen übergeleitet werden können.
Vielleicht erwarten wir auf Grund falscher Vorstellungen zu viel, und vielleicht wissen die Politiker selbst nicht oder wagen es nicht, sich einzugestehen, wie begrenzt ihre Entscheidungsfreiheiten sind. Es könnte sich lohnen, in dieser Situation das hergebrachte Verständnis von Freiheit zu überprüfen. Sowohl in der alteuropäischen Ethik als auch im neuzeitlichen Naturrecht und schließlich im Begriff des Subjektes war Freiheit als Ausstattung des Menschen begriffen und durch Abwesenheit von Zwang definiert worden. Die ideologischen Großkontroversen zwischen Liberalismus und Sozialismus haben daran nichts geändert, denn der Streit ging hier nur um die Quellen des Zwangs: Rechtsstaat (also legitim) oder kapitalistische Gesellschaftsordnung (also illegitim). Auch das politische Programm der Emanzipation des Menschen wollte nur seine Freiheit, die ihm als Subjekt zusteht, realisieren. Zugleich gibt es aber auch ein unübersehbares Gegenwissen. Mindestens seit Freud wird diskutiert, daß die Gesellschaft als internalisierter Selbstzwang im einzelnen wirkt. Umfangreiche Forschungen über Kausalattribution lehren, daß die Unterscheidung von Freiheit und Zwang als Unterscheidung eine Konstruktion ist, die sehr unterschiedliche Formen annehmen

kann. Man kann also Freiheit nicht negativ definieren durch Abwesenheit von Zwang, aber auch nicht positiv, wenn das nur heißt, daß Freiheit, im Unterschied zur Willkür, erst entsteht, wenn das Subjekt seine Vernunft zu Rate zieht.

Die Rechtsgarantien der politischen Wahl dienen der Abwehr von Zwang. Das bleibt wichtig, ja unentbehrlich. Den politischen Programmen der Parteien bleibt in diesem Freiheitsschema dann nur die Möglichkeit, an die Vernunft des Wählers zu appellieren. Aber wie das? Wenn es nur eine Vernunft gibt, kann es auch nur eine zu wählende Partei geben, also keine Demokratie. Schon im 18. Jahrhundert war, allerdings zunächst nur für den Bereich der Ästhetik, die Frage gestellt worden: Wer seid Ihr, daß Ihr Euch als Richter aufrichtet in Fragen, was gefallen soll und was nicht? (so Diderot im *Traité du Beau*). Erst recht kann man heute wissen, daß jede Berufung auf Kriterien, zum Beispiel auf Werte, die unangenehme Konsequenz hat, sozial zu diskriminieren. Diesem Problem kann man nur ausweichen, wenn man sich zu Kriterien bekennt, die nichts besagen. Also zum Beispiel zu so vielen guten und schönen Werten, daß die Entscheidung zwischen ihnen, also die Wahl, zwangsläufig offen bleiben muß. Jedes Parteiprogramm, das im Angebot ist, illustriert dieses Problem, mag nun die Taktik ein bewußtes Diskriminieren sein oder umgekehrt der Versuch, jede Diskriminierung zu vermeiden.

Wenn Freiheit durch Abwesenheit von Zwang definiert wird, liegt es nahe, einen engen Zusammenhang von Freiheit und Macht, also von Freiheit und Hierarchie, zu unterstellen. Mit der Macht nimmt, weil der Machthaber nicht gezwungen werden kann, die Freiheit zu. An der Spitze, im »Souverän«, nimmt dann Freiheit die Form unbeschränkbarer Willkür an und wird unvermeidbar. Empirische Untersuchungen des Arbeitsalltags von Chefs widerlegen diese Annahmen eindeutig. Es bleibt ganz offen, ob die Geschäfte dem Chef oder der Chef den Geschäften folgt. Deutlich ist die zeitliche Überbeanspruchung durch mündliche Kommunikation unter Anwesenden, also durch Situationen, in denen Macht eher symbolisch als real praktiziert wird.
Deshalb wäre zu überlegen, ob Freiheit in dieser klassischen Form überhaupt zutreffend begriffen ist. Wenn man davon ausgeht, daß die Welt so ist, wie sie ist: Wie kommt man dann dazu, Freiheit zu sehen? Wie kommt man dazu, in die durch die Vergangenheit determinierte Gegenwart Alternativen hineinzulesen? Wie kommt man dazu, sich selbst oder anderen einen Einfluß auf die Zukunft einzuräumen, während in Wirklichkeit doch alles so kommt, wie es kommt?
Offenbar muß Freiheit zumindest einmal kognitiv konstruiert werden, bevor man sie dann normativ oder durch Festlegung von Zwecken einschränken kann. Im Bereich des Wissens besteht keine Freiheit, man kann es nur

richtig oder falsch machen. Zugleich lenkt das Wissen aber auch die Aufmerksamkeit auf Möglichkeiten, etwas zu tun oder zu lassen, oder sogar auf verschiedene Möglichkeiten, zwischen denen man wählen kann. So für Chirurgen, die sich für eine Operation und im Laufe der Durchführung der Operation für die einzelnen Maßnahmen entscheiden und im voraus abschätzen können, welche Spielräume verfügbar sind. Oder für Obdachlose, die günstige Übernachtungsmöglichkeiten kennen. Dabei wäre der Obdachlose am Operationstisch ebenso hilflos wie der Chirurg auf der Parkbank, wenn es anfängt zu regnen. Und so kennt ein Politiker seine Partei und das, was er ihr zumuten kann; und er weiß, womit er den Medien gefällt oder mißfällt und wo unangenehme knurrende Geräusche entstehen, wenn er sich zu weit vorwagt. Erst auf solchen Wissensgrundlagen kann man milieuspezifisch Freiheit wahrnehmen und ausüben und sich Folgen der Wahl selbst zurechnen. Freiheit muß durch Annahme von Beschränkungen erst erzeugt werden – so wie man sich an die Sprache halten muß, wenn man die Freiheit gewinnen will, sich auszudrücken.

Aber welche Freiheit hat der Wähler, der das Milieu nicht kennt und nicht kennen kann, in dem der Politiker seine Freiheiten findet. Er mag als Bauer ein Urteil über die Agrarpolitik haben, aber selbst dann ist es nur allzu wahrscheinlich, daß er die Optionen vom Acker und vom Stall her anders sieht als der Politiker. Geht man von diesem

kognitiv begründeten Freiheitsverständnis aus, geraten die klassischen Vorstellungen über die Repräsentation von Interessen, über ihre Verallgemeinerbarkeit, ihre Aggregation zu Gruppeninteressen oder zu öffentlichen Interessen in Schwierigkeiten. Schon die Funktionäre der verschiedenen Interessentenorganisationen bilden eine eigene Welt, in der Freiheiten definiert sind durch das, was man den Verhandlungspartnern gerade noch zumuten kann.
Dieses schon verwirrend komplexe Bild muß noch ergänzt werden durch einen Blick auf die Funktionsweise der Massenmedien. Die Medien suggerieren in allen Programmbereichen, im Nachrichten- und Berichtwesen, in der Werbung und in der Unterhaltung hohe Freiheitsspielräume. Aber es sind typisch nicht die Freiheiten, die der Leser oder Zuschauer selbst nutzen kann, sondern es sind immer die Freiheiten der anderen. Die Art, wie die Freiheitsverteilung in der Gesellschaft gesehen wird, und wohlgemerkt: Die zwanglose Freiheitsverteilung, ist ein Produkt der Massenmedien. Die Freiheit wird unter Absehen von ihren zahlreichen Beschränkungen, also abstrakt, vorgestellt: Man könnte sich für eine Europapolitik entscheiden, dieses oder jenes Auto kaufen, diesen oder jenen Sekt trinken und sich wie Filmhelden oder Filmheldinnen verlieben oder sonstige aufregende Dinge erleben. Rückschlüsse auf das eigene Leben werden nahegelegt – und enttäuscht. Meinungen und Handlungs-

möglichkeiten klaffen weit auseinander. Das muß nicht heißen, daß zwangsläufig Unzufriedenheit und Resignation entsteht. Aber ein politisches System, das unter solchen Bedingungen operiert, wird empfindlich gegen Enttäuschungen der Freiheitsillusionen, die doch ständig nachproduziert werden.

Das könnte erklären, in welcher Situation wir uns am Ende der politischen Utopien der liberalen Freiheitsordnung und der sozialistischen Wohlfahrtsgerechtigkeit, der sozialen Marktwirtschaft und des Wohlfahrtsstaates gegenwärtig befinden. Wenn man dies weiß, hilft das freilich auch nicht viel weiter. Diagnosen dieser Art führen nicht unmittelbar zu politischen Rezepten. Rezepturen würden ja wiederum Entscheidungsfreiheiten voraussetzen ohne Kenntnis der Systemmilieus, in denen sie erst erzeugt werden müssen. Aber es könnte doch ein Gewinn darin liegen, wenn man die angedeuteten Probleme nicht als Resultat von Fehlverhalten, von Machtmißbrauch oder von Unkenntnis begreift, sondern als Logik der Komplexität. Denn in dem Maße, wie die Durchgriffskausalitäten trotz bester Absichten versagen, mag es um so wichtiger sein, wenigstens Orientierungswissen anbieten zu können.

Konzeptkunst

Brent Spar oder Können Unternehmen von der Öffentlichkeit lernen?

Nach dem spektakulären »greenpeacing« der Shell AG und ihrer zur Versenkung bestimmten Brent-Spar-Plattform hat Shell in ganzseitigen Zeitungsanzeigen vom 27. Juni 1995 erklärt: »Wir haben gelernt …« Der Vorfall und das Bekenntnis lohnen einen zweiten Blick: Wie ist es möglich, daß Unternehmen von der öffentlichen Meinung lernen? Daß sie auf »gesellschaftliche Akzeptanz«, auch dies im Anzeigentext, Wert legen, versteht sich fast von selbst und kann als unverbindliche Erklärung des guten Willens gelesen werden. Daß geschäftspolitische Entscheidungen auf Grund eines Widerstands der Öffentlichkeit geändert werden, geht jedoch über solche Reden hinaus. Und wenn es sich um eine durch Pressionen erzwungene Kehrtwende handelt, überrascht um so mehr, daß sie nachträglich als Lernen, also als prinzipielle Änderung der Geschäftspolitik aufgewertet wird. Daraus

ergeben sich Zukunftsperspektiven für das Verhältnis von Wirtschaft, Politik und Gesellschaft, die Aufmerksamkeit verdienen.
Organisationssoziologen wie James March oder Karl Weick beobachten seit langem, daß die Beschreibung von Organisationen als rational arbeitende, zweckorientierte Hierarchie die wirklichen Verhältnisse nicht zutreffend wiedergibt und auch als Selbstdarstellung der Systeme aufgegeben wird. Wirtschaftsunternehmen können sich nicht mehr allein durch ihr Produkt rechtfertigen. Zunächst kam die soziale Komponente hinzu, dann die Funktion, Arbeitsplätze bereitzustellen, und schließlich das Desiderat, nach Möglichkeit zur Minderung der technisch bedingten Umweltbelastungen beizutragen. Die Diskussion hatte mit systeminternen Kritiken begonnen, mit einer Kritik der klassischen Rationalitätsprämissen, und hat zur Anerkennung nichtrationaler Komponenten der Betriebsorganisation bis hin zu einer »technology of foolishness« (March) geführt. Seit Ende der siebziger Jahre wird diese systeminterne Kritik der Rationalität ergänzt, ja überholt durch Theorien, die notwendige Übereinstimmungen zwischen den Organisationen und ihrer gesellschaftlichen Umwelt betonen, aber mit Begriffen wie Kultur, Institution oder sozialer Einbettung sehr unscharf formuliert sind. So wird der wissenschaftsinterne »Paradigmenwechsel« deutlich, nicht aber der Erkenntnisgewinn.

Daran verblüfft vor allem, daß gleichzeitig wieder verstärkt für Marktwirtschaft plädiert wird. Selbst öffentliche Verwaltungen, Universitäten, soziale Dienste sollen so organisiert werden, als ob sich ihre Produkte am Markt bewähren müßten. Man kann unausgeglichene tektonische Verschiebungen registrieren. In der Gesellschaftstheorie und ihren Sonderbereichen Politik und Wirtschaft wird das Scheitern des sozialistischen Experiments triumphierend als Beweis für die Leistungsfähigkeit der Marktwirtschaft angeführt. Die Marktwirtschaft setzt aber voraus, daß in den Unternehmen auf Grund ihres internen Rechnungswesens rational kalkuliert werden kann. In der Organisationsforschung wird genau dieser Voraussetzung der Boden entzogen, und es scheint sich jetzt ein Unternehmensbegriff zu bilden, der nicht mehr mit Organisation identifiziert werden kann. »Virtual corporation« nennt man das in den Vereinigten Staaten, »impresa rete« in Italien. Konzeptkunst könnte man auch sagen.

Geht man von der neueren Organisationstheorie aus, liegen das Verhalten und die nachträgliche Erklärung der Shell AG im Trend. Man findet sich angewiesen auf kulturelle und institutionelle Übereinstimmungen mit der Umwelt. Aber der Vorfall kann auch als Signal für eine gesellschaftliche Entwicklung gelesen werden, die noch nicht zureichend begriffen ist und den Verantwortungsrahmen von Organisationen wie Greenpeace oder Shell überschreitet.

Offenbar genießen die Ordnungskräfte der Wirtschaft, des Rechts und der Politik nicht mehr genug Vertrauen, daß man ihnen die Regelung ökologischer Probleme überlassen könnte. Darin scheinen Greenpeace und Shell übereinzustimmen. Auch die Wissenschaft ist mit Prognosen der Folgen von Eingriffen in die Natur überfordert. Die Säulen, auf denen unser Verständnis der modernen Gesellschaft und unser Zukunftsvertrauen ruhen, scheinen zu wanken. Der Anlaß, der dies sichtbar macht, war der Aktionismus einer straff geführten Organisation, die dafür weder rechtlich noch politisch, geschweige denn demokratisch legitimiert ist. Sie erwartet nicht ohne Grund Verständnis, wenn nicht Unterstützung von der »Öffentlichkeit«. Aber ist es die Öffentlichkeit, von der Unternehmen lernen sollen oder sogar lernen wollen?

Wenn man eine Klärung dieser Frage sucht, lohnt sich vielleicht ein Umweg über Begriffe der neueren kognitiven Psychologie, Begriffe wie »scheme«, »script«, »frame«, »cognitive map«, »implicit theory«, die alle mehr oder weniger dasselbe sagen wollen. Die Frage lautet: Wie geht ein kognitives System mit Sachverhalten um, die es nicht durchschauen kann? Und speziell: Wie bildet sich ein Gedächtnis, das fast alle vergangenen Operationen vergißt, aber doch ein Schema zurückbehält, mit dem es jeweils neue Situationen bearbeiten kann, ohne auf monotone Wiederholungen angewiesen zu sein?

Was als »öffentliche Meinung« erscheint oder in den Massenmedien so behandelt wird, hat sicher nichts mit den empirischen Bewußtseinszuständen unzähliger Individuen in einem bestimmten Zeitpunkt zu tun. Diese Zustände könnte man gar nicht feststellen. Daraus könnte man nichts lernen. Allein schon der Versuch, die wahre Meinung der meisten festzustellen, würde die Sachlage ändern. Die öffentliche Meinung kann gar nichts anderes sein als ein Geflecht von Schematismen, die dazu benutzt werden, intransparente Sachverhalte kognitiv zu organisieren. Solche Schemata können die Abfolge von Ereignissen festlegen. Man spricht dann von »Skript« oder von Kausalzurechnung. Gerade wenn niemand wissen kann, wie sich die endlose Menge von Kausalfaktoren zu Ursachen und Wirkungen verkettet, sind solche Skripts gefragt. Sie legen zugleich die Möglichkeiten des Handelns fest, ohne die Handlungen selbst zu determinieren; aber dies als Konstruktion, die andere Möglichkeiten ausblendet und die offene Welt auf ein »Wenn so, dann so« reduziert. Wenn die Plattform versenkt wird, führt das zu einer Verschmutzung des Meeres, und das steht fest, unabhängig davon, wie die Druckverhältnisse am Meeresboden sich auf die Austrittswahrscheinlichkeiten der gefährlichen Materialien auswirken, und unabhängig davon, welche weiteren Wirkungen sich im Begriff der Verschmutzung verbergen.

Schemata sind einerseits Kategorisierungen, die ein Zurückkommen auf dasselbe ermöglichen, sie sind unter heutigen Verhältnissen einer hohen Strukturbeweglichkeit (wenn man es wohlwollend meint: Flexibilität) vor allem Skripts, also über Zeitdistanzen hinweg gekoppelte Schemata. Sie erfassen Auslösekausalitäten mit offenen Auswirkungen und konstruieren sie so, als ob es Durchgriffskausalitäten mit guten oder schlimmen Ergebnissen wären. Auf diese Weise kann jeder, der sich handelnd beteiligen will, für sich selbst einen Platz vorsehen und etwas zu fördern oder zu verhindern versuchen, ohne die Welt oder die Wahrheit zu kennen. Was er kennen muß, ist sein Skript.

Die Rede vom »Wertewandel« hat diesen Sachverhalt vom Ergebnis her interpretiert. Sie ist selber ein Skript, das fordert, den neuen Werten Rechnung zu tragen. Vermutlich ändern sich aber zunächst einmal die Kausalattributionen, und Werte werden hinzugefügt, um die Beteiligten oder Betroffenen mit Sinn zu versorgen. Veränderungen in den Kausalattributionen führen zu »distilled ideologies«, wie Organisationsforscher behaupten. Übertragen auf die öffentliche Meinung, würde das heißen, daß nicht mit destillierter Vernunft zu rechnen ist, sondern mit destillierten Ideologien, die sich selbst empfehlen und damit die mangelnde Fundierung ihrer Kausalannahmen ausgleichen.

Im übrigen wäre der Begriff des Schemas, der aus der Gedächtnistheorie stammt, falsch verstanden, wollte man ihn als Festlegung auf unreflektierte Wiederholung auffassen. Das Gegenteil trifft zu. Nur am Schema kann man Abweichungen erkennen, nur am Schema kann man sich überraschen lassen, nur am Schema kann man lernen. Der Begriff versucht, die ständige Koppelung von Beschränkungen und Gelegenheiten zu formulieren. Außerdem gewinnt man mit diesem Begriff Zugang zu der emotionalen Aufladung schematisierten Erlebens. Gerade weil jedes Schema die Intransparenz der Wirklichkeit verdeckt, bieten sich emotionale Verstärkungen an.

Wenn die Öffentlichkeit, von der man lernen will, nichts weiter ist als eine bewegliche Vernetzung von Schematisierungen und Kausalattributionen: wie kann man dann erwarten, daß eine Organisation daraus lernt? Die von Greenpeace erfolgreich genutzte Möglichkeit liegt im Aktionismus, in der optischen und verbalen Besetzung von Plätzen, die die geltenden Skripts bereitstellen. Das hält die Attributionen des Skripts im Gedächtnis fest und festigt die öffentliche Meinung durch Erinnerung an sich selbst. Darauf kann man politisch mit Reden reagieren und sich auf die Seite schlagen, die zu gewinnen scheint. Was und wie die Shell AG lernen will, ist nicht klar zu erkennen. Vielleicht geht es darum, Eskalationen dieser Art künftig zu vermeiden. Aber das setzte ja voraus, daß man vor dem Konflikt erkennen kann, wie die Zeichen stehen.

Die Frage bleibt, ob es nicht andere Möglichkeiten des

gesellschaftlichen Lernens gibt – etwa solche, die sich darauf einlassen, daß Kognition auf Schematisierungen angewiesen ist und daß jeder, der behauptet, die Wahrheit zu kennen, nur mitteilt, daß er sein Schema nicht reflektiert.

Darum liebe

Interview

Herr Luhmann, Sie betrachten mit einer gewissen Wehmut das Raffinement der aristokratischen Liebe im 17. und auch noch im 18. Jahrhundert. Ist die Geschichte der Liebe für Sie eine Geschichte der Verluste?

Nein, eigentlich eher eine Geschichte des Aufbaus von Raffinement oder auch von Feinfühligkeit, die man in älteren Gesellschaften so nicht erwarten konnte.

Sie sehen nicht mit einem gewissen Bedauern, daß dieses Raffinement heute nicht mehr da ist, daß man Liebe heute wesentlich einfacher sieht, auch ganz anders praktiziert?

Ich bin nicht sicher, ob man es wirklich einfacher sieht. Auf jeden Fall mußte der Code der Liebe – also die kulturelle Vorschrift, was man sich dabei vorzustellen hat, wie man eine Liebe anzufangen hat, was man zu erwarten hat, was man verlangen kann – dieser Code mußte, ich sage ganz hart: trivialisiert werden, damit er für jedermann in Betracht kam, er mußte also von aristokratischen Elementen gereinigt werden. Zugleich muß man aber sehen, daß die normale psychologische Feinfühligkeit in der gesamten Bevölkerung, etwa mit der Zunahme der Lesebereitschaft, mit der Zunahme der Schulerziehung, mit der billigen Presse usw. doch auch gewachsen ist, so daß die Menschen heute vielleicht viel mehr als im 17. oder 18. Jahrhundert auch in unteren Schichten ein Problemgefühl und eine Art des Eingehens aufeinander entwickeln können, die historisch gesehen neu ist.

Die Geschichte der Liebe, vor allem der Sexualität, ist bisher oft als Vergleich des 19. mit dem 20. Jahrhundert geschrieben worden. Daraus ließ sich die These der sexuellen Emanzipation gewinnen. Welche Vorteile hat demgegenüber Ihr Vorgehen?

Zunächst einmal ist es eine historische Rückverlegung. Man hat das 19. Jahrhundert in vielen Hinsichten überbetont, schon dadurch, daß man von romantischer Liebe spricht und dann nicht mehr die romanhafte Liebe meint, sondern die Liebe, wie die Romantiker, also am Anfang des 19. Jahrhunderts, sie empfohlen haben. Mein Eindruck ist, daß die entscheidenden Neuerungen im Code der Liebe sich bereits in den kulturellen Vorstellungen ab Mitte des 17. Jahrhunderts durchgesetzt haben und daß das Problem der Sexualität vor allem im 18. Jahrhundert relevant geworden ist. Der Vorteil einer historischen Untersuchung ist also zunächst einmal, deutlich zu machen, daß diese Vorstellungen eine lange und wechselvolle Geschichte haben und daß diese Geschichte zusammenhängt mit dem Abbau von primär in Schichten differenzierten, aristokratisch geregelten Gesellschaften.

Psychoanalytische Theorien spielen in Ihrer Theorie keine Rolle. Ist dies im Abgrenzungsbedürfnis des Soziologen begründet, oder hat die Psychoanalyse etwa selbst einen – beschreibbaren – Ort in der Entwicklung der Liebessemantik?

Nun, zunächst, ich bin kein Psychoanalytiker, sondern ein Soziologe. Für mich und für das Buch *Liebe als Passion,* über das wir hier sprechen, ist der Bezugspunkt Gesellschaft ausschlaggebend, das heißt, es geht überhaupt nicht darum, was Einzelpersonen fühlen oder denken, wenn sie sich verlieben. Es geht also nicht um die psychologischen Gegebenheiten, es geht auch nicht um die Welt aus der Sicht einer Einzelperson, sondern es geht um die gesellschaftliche Beschreibung solcher Sachverhalte, um die Deutungsangebote, die die Gesellschaft bereitstellt. Und in diesem Zusammenhang spielt die Psychoanalyse einfach keine Rolle, so wie jede Psychologie keine Rolle spielt, es sei denn als gesellschaftliche Tatsache, das heißt als Tatsache, daß man psychoanalytische Beratung in Anspruch nehmen kann und daß die Psychoanalyse eine Presse hat, eine Art, ihre Meinungen zu verbreiten, und daß dies nicht ohne Einfluß ist auf die Art und Weise, wie wir heute über Liebe denken.

Sind Psychoanalyse und Psychologie als Gewinn für die Liebessemantik zu verbuchen?

Ich weiß nicht, ob man sagen sollte: als Gewinn. Als ein Einfluß auf die Liebessemantik gewiß, aber ob es ein Gewinn ist, wenn man die Deutungen der Psychoanalytiker mit den älteren kulturellen Traditionen vergleicht, das ist mir fraglich.

Liebe ist ein Kommunikationsmedium. Sie macht unwahrscheinliche Kommunikation dennoch erwartbar. In der Liebe wird jedoch auch die Inkommunikabilität entdeckt. Was führt zu dieser Entdeckung und welche Folgen hat sie, gerade im Hinblick auf unsere großen Hoffnungen auf die Möglichkeit des Miteinander-Redens und des gegenseitigen Sich-Verstehens?

Nun, das 18. Jahrhundert ist voll von solchen Tatbeständen. Es ist überhaupt das Jahrhundert der Entdeckung der Inkommunikabilität, von der Schwierigkeit etwa, mitzuteilen, daß man etwas aufrichtig meint, oder auch von der Inkommunikabilität von Qualitätsurteilen oder von der Inkommunikabilität der wirklichen Selbsterfahrung des einzelnen Menschen. Im Bereich der Liebessemantik wird dieses Problem nur besonders deutlich, vor allen Dingen an der Frage, wie man eigentlich mitteilen kann oder wie man jemanden davon überzeugen kann, daß man es aufrichtig meint. Darüber gibt es im 18. Jahrhundert eine sehr interessante, sehr in die Tiefe gehende Literatur, die Zweifel hat, ob Aufrichtigkeit überhaupt kommunizierbar ist. Oder anders gesagt, ob wahre Liebe und nur vorgetäuschte Liebe oder anders herum gesehen: wahres Nicht-Lieben oder nur vorgetäuschtes Sich-Verstecken und Nicht-Liebe-nur-Vortäuschen überhaupt kommunizierbar ist oder ob diese Differenz jeweils einfach fallweise ausgehandelt werden muß. Dagegen sind, und das bringt uns eigentlich auf die Psychoanalyse zurück, heute therapeutische Vorschriften in Mode, die demgegenüber außerordentlich flach wirken, die einfach besagen: Seid aufrichtig, und dann wird schon alles gut werden. Diese Rezepte im Visier, möchte ich eine Art Gegenappell oder einen historischen Gegenbeweis führen. Mir scheinen sie sehr fragwürdig zu sein, so sehr sie mit unseren heutigen Moralvorstellungen übereinstimmen.

Warum ist Inkommunikabilität ein so bedrängendes Problem, warum kann man über die Liebe nicht aufrichtig kommunizieren? Was ist die entscheidende Klippe, die Liebende hier zu umschiffen hätten?

Nun, Kommunikation ist allgemein dazu da, eine Information mitzuteilen, die auch anders ausfallen könnte. Es müßte also etwas Neues sein oder etwas, was vorher nicht sicher war und nachher sicher ist. Und genau in diesem selbstgestrickten Netz verfängt sich die Kommunikation von Aufrichtigkeit. Wie etwa auch die Kommunikation von Qualität: Wir müssen heute schon sagen, eine Marmelade sei Extra-Auslese aus natürlichen Früchten und überzeugen immer noch nicht, daß es eine gute Marmelade ist. Und genauso ist es mit aufrichtiger Liebe: Wenn man sagt, »ich liebe dich aufrichtig«, so ist schon ein Zweifel angebracht. Und das kann man nicht durch Ausdrucksmöglichkeiten nochmals verstärken. Das ist einfach eine Frage der Überzeugungsgewinnung, die sich nicht ohne weiteres in Kommunikation auflösen läßt.

Sie schreiben, daß die Vernunft ihren Universalitätsanspruch gegen den Absolutheitsanspruch der Liebe im 17. Jahrhundert nicht mehr durchsetzen kann. Viele Leser werden Ihre Analyse als Musterbeispiel eines rationalen Zugriffs auf die Liebe verstehen. Wie sehen Sie das Verhältnis Ihrer Analyse, die wissenschaftliche Wahrheit intendiert, zur Vernunft?

Zunächst einmal ist der Abschnitt, in welchem der Konflikt zwischen Vernunft und Liebe behandelt wird, bezogen auf eine lange Tradition, in der man Liebe als etwas durchaus Rationales behandelt hatte, so wie Solidarität innerhalb eines Hauses, innerhalb einer Gemeinschaft, der man sich aus vernünftigen Gründen zu fügen habe, weil das eigene Leben davon abhängt. Die neuzeitliche Betonung von Irrationalität oder Passioniertheit oder Gefühlsmäßigkeit der Liebe setzt sich gegen diese Tradition ab, und es kann, nachdem dies einmal geschehen ist, nicht mehr die Rede davon sein, daß man eine »vernünftige Liebe« in diesem Sinne wieder herstellt. Wir sprechen zwar von Solidarität, aber meinen damit etwas ganz anderes. Das bedeutet nun nicht, daß die Analyse, die Aufdeckung dieses Sachverhalts, selbst irrational sein müßte. Es bedeutet aber auch nicht eindeutig Rationalität. Es handelt sich um eine ganz normale soziologische, wissenschaftliche Erforschung eines Sachverhalts, die nicht nach den großen Begriffen von Vernunft oder Ratio beurteilt werden will, sondern einfach nach der Frage, ob sie objektiv richtig ist oder nicht, ob sie ihre Aussagen beweisen kann oder nicht und ob sie in diesem Sinne wahr ist oder nicht.

Das Konzept »amour passion« wird im 17. Jahrhundert für außereheliche Beziehungen entwickelt. Es wird heute, wenn auch trivialisiert, für die Ehe in Anspruch genommen. Sie schreiben, daß »amour passion« allein die Probleme einer auf sich gestellten, dauerhaften Ehe nicht lösen kann, sondern eher verschärft, vielleicht sogar verursacht. Wie sind in diesem Zusammenhang Tendenzen zu verstehen, die Liebe gleichsam wieder aus der Ehe herauszutragen und von der Freundschaftsgruppe, ja von der Welt insgesamt Gefühlswärme zu fordern? Ist dies nur eine Überleitung zu dem Versuch, eine persönliche Welt aufzubauen?

Ich glaube zunächst, daß die Idee der Passion überhaupt an Bedeutung verloren hat – schon eigentlich in der Romantik. Mit »Passion« hat man zunächst ja nur sagen wollen, das sei etwas Krankhaftes, etwas Gewaltsames, etwas, was nicht zu kontrollieren sei, etwas, wofür man nicht verantwortlich sei, was einen überfalle, und so liebe man eben wie ein Kranker, der aber nicht gesund werden will. Dieses Konzept war ein Durchsetzungskonzept der neuen Idee, aber war nicht unbedingt eine Stabilitätsgarantie für Ehen. Schon die Romantiker haben die Ehe als eine Form gesucht, in der Liebe Dauer gewinnen könne, und haben zu diesem Zweck eine Kombination von dauerhafter Liebe, Ehe und Sexualität zu erreichen versucht – also über einen Begriff der Institution gearbeitet. Es sind die damit verbundenen Erwartungen, um die es heute geht.

Wir haben einerseits ein Konzept der Partnerschaft, das kühler, vernünftiger, toleranter, verständnisvoller und auf diese Weise auf Dauer angelegt ist. Und wir haben eine Literatur, die behauptet, daß eine romantische Liebe irgendwie altmodisch, überholt und auch für Ehen gefährlich sei. Zwischen diesen beiden Konzepten wird man mehr oder weniger wählen können, und es wird je nach individueller Neigung, je nach persönlichem Schicksal häufig eher ein romantischer Weg oder eher eine partnerschaftliche Orientierung gesucht. Dies würde sowohl für Ehen oder für das Eingehen von Ehen als auch für außereheliche Beziehungen gelten.

Ich glaube also nicht, daß die Vorstellung, daß die Ehe die einzig mögliche Form für Liebe ist, heute noch unbedingt gilt. Aber andererseits ist auch nicht die Passion, so wie im 17. Jahrhundert, der Ausweg aus der Ehe, sondern es geht schlicht und einfach darum, einen Partner für Intimbeziehungen zu finden, mit dem man dann zu regeln hat, ob die Form für diese Beziehung die Ehe sein soll oder nicht.

Dann bleibt das Problem dennoch bestehen – wie man in zahlreichen Feuilletons und Filmen verfolgen kann –, daß beklagt wird, daß diese Welt ohne Liebe, daß diese Welt zu unpersönlich und daß in diese Welt Liebe hineinzutragen sei. Kann man dazu etwas sagen, wenn man die Semantik der Liebe befragt? Ist dies eine Überlastung der Welt, ist dies eine Forderung, die aus der Überforderung der Gerne-lieben-Wollenden durch Kälte hervorgeht?

Ich halte die These, daß wir in einer unpersönlichen Massengesellschaft leben einfach für falsch. Und das ist auch der Ausgangspunkt dieses Buches. Wir leben in einer Welt, die uns die Wahl gibt zwischen unpersönlichen und persönlichen Beziehungen. Natürlich sind das Potential für persönliche Beziehungen oder gar für Liebe und auch die Gelegenheiten dazu mit Grenzen umgeben. Und sehr viele unpersönliche Beziehungen dienen auch der Stärkung der Ich-Gefühle, des Selbstbewußtseins, etwa wenn man an Karriere, beruflichen Erfolg, Geldverdienen und dergleichen denkt. Wir leben aber insgesamt unter einer sehr viel stärkeren Differenz oder Spannung zwischen persönlichen und unpersönlichen Beziehungen, viel mehr als ältere Gesellschaften, für die sich ja das normale Leben in einem Haus, in einer kleinen nachbarschaftlichen Gemeinde vollzog – was man sich im übrigen nicht so sehr emotional, sondern häufig auch relativ kühl und distanziert vorstellen muß. Wir haben also mehr Chancen zur Verwirklichung von Gefühlen und zu intimen Beziehungen, aber auch mehr Bereitschaft und mehr Gelegenheit und mehr Notwendigkeit, in unpersönlichen Beziehungen zu leben. Und die Frage ist, welche Vorstellungen über Liebe für genau diese Situation jetzt angemessen sind.

Die Frage kann man wahrscheinlich aufgreifen, wenn man fragt, wie die parallele Entwicklung von Liebe und Individualisierung verlaufen ist und ob sie in Sackgassen oder zu neuen Möglichkeiten geführt hat, die heute aufzugreifen sind oder mit denen man heute nicht mehr zurechtkommt.

Ja, das ist auch eine Entwicklung, die sich verhältnismäßig weit zurückverfolgen läßt. Individualisierung bedeutet ja, daß die Partner stärker auf sich wechselseitig Rücksicht nehmen müssen und stärker auf das eingehen müssen, was jeweils für den anderen wichtig ist, ohne dabei sicher zu sein, daß das, was der andere wichtig nimmt und was für ihn Bedeutung hat, nun allgemein wichtig ist. Schon im 17. Jahrhundert notieren Engländer, daß in Ehen, unter Eheleuten, mehr Konflikt und mehr Gemeinschaft besteht als irgendwo anders. Das heißt die Doppeldeutigkeit einer individualisierten intimisierten Beziehung ist schon sehr früh notiert worden. Und damit müssen wir auch heute rechnen. Mehr Konflikte auf Grund von Individualität, aber auch mehr Verständnismöglichkeiten, mehr Möglichkeiten, sich mit anderen zu streiten, aber auch mehr Möglichkeiten für das, was gerade einen selbst interessiert, nun jemanden zu finden, der dafür Verständnis hat.

Ein neuer Weg in die Paradoxierung?

Ja, vielleicht kann man es so sagen. Jedenfalls stand die Paradoxie am Anfang der bedeutenden Entwicklung dieser Semantik der Liebe, die ich in »Liebe als Passion« beschrieben habe. Aber heute kommt wohl auch hinzu, daß diese Paradoxie für individuelle Behandlung freigegeben ist, das heißt, es kommt sehr darauf an, was das einzelne Paar daraus macht. Und es gibt sehr wenige kulturelle Leitvorschriften und Bilder, die das vorzusteuern versuchen – ganz anders als die Tatsache, über die dieses Buch berichtet.

Sie schreiben, daß Liebe zu halten immer unmöglich gewesen sei, daß es heute aber auch noch schwierig werde, ein Liebesverhältnis zu beginnen. Das Erleben der Welt falle auseinander in persönliche und unpersönliche Beziehungen. Und es sei schwer, aus einer unpersönlichen in eine persönliche Beziehung zu wechseln. Geben Sie dem Verführer und der Verführerin noch Chancen?

Ja sicher! Es gibt eine beträchtliche Literatur und Forschung zu dieser Frage, die zum Beispiel in Flugplatzwartehallen untersucht, wie sich jemand verhalten kann, der das Gespräch auf persönliche Dinge bringen möchte.

Wir wissen also, daß es schwierig ist, in unpersönlichen Situationen die Aufmerksamkeit auf sich selbst und auf intime Wünsche, auf Kontaktbereitschaft zu lenken. Andererseits ist die Freigabe von Möglichkeiten, sexuelle Interessen zu symbolisieren, weit fortgeschritten, und man kann vermuten, daß man auf diesem Wege der Anbahnung eines persönlichen Kontakts unpersönliche Situationen immer wieder durchbricht. Das heißt, daß man durch Blicke oder sonstige Annäherungsversuche feststellen kann oder signalisieren kann, ob man eine Intimbeziehung wünscht oder nicht, selbst wenn das in Flughafenrestaurants oder im Straßenverkehr oder in Hörsälen der Universitäten oder sonstwo stattfinden muß. Es gibt also sicherlich Möglichkeiten des Signalaustauschs, die eine Situation aus dem allgemeinen Umfeld, in dem sie als unpersönlich zu erwarten ist, absondern, und ich habe keinen Zweifel, daß diese Möglichkeiten benutzt werden.

Aber dieser Signalaustausch lebt von einer unmittelbaren Referenz auf Sexualität. Ich hatte den Eindruck aus Ihrem Buch, daß dies im 17., 18. Jahrhundert nicht unbedingt so gewesen sein muß; daß vielmehr der Aufschub von Sexualität eine Rolle spielte, sogar eine entscheidende Rolle spielte, weil der Zeitgewinn als Liebe zu nutzen war, aber daß Sexualität eben erst sehr spät in den Kontext dieser Liebessemantik hereinkommt und nicht so, wie heute, gleichsam eine Leimspur ist, auf die ein Liebesverhältnis unmittelbar kommen und auf der es kleben bleiben muß.

Nun, Hintergedanken hat man natürlich immer gehabt, und insofern sollten wir die These von den Veränderungen nicht übertreiben. Aber die Positionierung der Sexualität hat sich vermutlich doch verändert, allein schon deshalb, weil es nicht ungewöhnlich ist, sexuelle Beziehungen auch ohne Liebe aufzunehmen, einfach so. Und weil wir mehr oder weniger auch die Erfahrung machen, daß sich Liebe erst auf Grund von sexuellen Beziehungen entwickelt und nicht umgekehrt die Vorbedingung oder die deklarierte Eingangsformel für die Aufnahme sexueller Beziehungen sein muß.

Ist dies ein Erbe des Code, oder woher kommt das? Hat es grundsätzliche Bedeutung?

Das ist sehr schwer zu sagen. Es gibt viele empirische Forschungen, die bestätigen, daß eine, wie man sagt, permissive, tolerante Haltung in bezug auf Sexualität sich durchgesetzt hat. Wie das eigentlich passiert ist und, vor allem, warum es eigentlich passiert ist, ist schwer zu sagen. Man kann annehmen, daß die großen Formeln zu sehr mit Hochkultur verbunden waren, als daß sie als solche noch überzeugt hätten, so daß der direkte Zugang zu Sexualität übriggeblieben ist. Aber das ist eine Theorie, zu der man nichts Sicheres sagen kann. Fest steht nur, daß eine Freigabe von sexuellen Beziehungen, in Amerika sehr früh, auf dem Kontinent in Europa etwas später, zugleich mit dem Abbau einer starren Familienordnung, zugleich mit dem Abbau einer starren Schichtungsordnung sich eingelaufen hat, daß dies der Entstehungs-Kontext ist. Es hängt sicherlich mit dem Bedeutungsverlust von Familie für das öffentliche Leben zusammen, aber das allein erklärt die Breite dieses Phänomens nicht.

Kann man davon ausgehen, daß Liebe, Ehe und Sexualität nicht endgültig auseinanderlaufen?

Die Frage bezieht sich eigentlich auf die Form der Ehe, das heißt darauf, was aus der Ehe in Zukunft wird. Und dies ist entscheidend dadurch bedingt, daß man heute entscheiden kann, ob man Kinder haben will oder nicht, und das Problem eigentlich eher ist, ob man eine Familie mit Kindern haben will oder ob man ein »Single zu zweit« bleiben möchte. Da liegt die Differenz – ob dann die Form der Ehe gewählt wird oder nicht und ob ein Versorgungsausgleich dranhängt oder nicht, ist dann eine Frage, die vielleicht nicht so bedeutsam ist. Das Sich-für-gemeinsame-Kinder-Entscheiden, das scheint mir die wichtigste Frage zu sein, und man müßte wissen, unter welchen Voraussetzungen wer diese Entscheidung trifft.

Dann wäre aber Liebe dennoch eine Art von universeller Ressource, auf die man jederzeit zurückgreifen könnte, um Intimbeziehungen aufzubauen?

Ja, Liebe ist sozusagen der Rahmen, in dem man aus Intimbeziehungen etwas machen kann. Liebe ist der kulturelle Begriff dafür, daß Intimbeziehungen einem etwas bedeuten und daß das, was sie einem selbst bedeuten, gleichzeitig auch dem anderen etwas bedeutet. Liebe ist also der Begriff dafür, daß man das, was man vom andern haben will, ihm dadurch selbst gibt. Und dafür gibt es diese alte Vorschrift, diese alte Vorstellung, daß Liebe eine Zweierbeziehung ist, die sich als solche aus der Welt ausgrenzt.

Das Interview führte Dirk Baecker

Lesen lernen

Die moderne Gesellschaft produziert sehr unterschiedliche Textsorten, die sehr unterschiedliche Arten von Lektüre erfordern. In gewissem Sinne verdirbt die auf eine Textsorte spezialisierte Gewohnheit den Leser für die Lektüre andersartiger Texte; und da es sich um weitgehend unbewußt ablaufende, habituell gewordene Routinen handelt, sind solche Spezialisierungen schwer zu korrigieren.

Es empfiehlt sich, zwischen poetischen Texten, narrativen Texten und wissenschaftlichen Texten zu unterscheiden. Im folgenden soll es vor allem um wissenschaftliche Texte gehen; aber deren Eigenart erhellt am besten, wenn man zunächst klärt, daß und weshalb sie nicht wie Gedichte oder Romane zu lesen sind.

Die Durchsetzung einer eigenen Typik fiktionaler Texte ist einem langwierigen historischen Gewöhnungsprozeß zu verdanken, der vom 17. Jahrhundert bis weit ins 18. Jahrhundert gedauert hat und bedingt war durch die Schwierigkeit, zwischen realer Realität und fiktionaler Realität zu unterscheiden. (Romane stellen sich zunächst oft als gefundene Briefe, gefundene Notizen vor, um den Leser von der Echtheit ihrer Berichte zu überzeugen.) Im Falle von narrativen Texten ergibt sich der Textzusammenhang aus der Spannung, also aus dem Unbekanntsein der Zukunft, die der Leser vor sich herschiebt; aber auch rückwärtsgerichtet daraus, daß die Auflösung der Spannung, wie Jean Paul notiert hat, auf die bereits gelesenen Teile des Textes zurückgreifen muß. Der Leser wird sozusagen mit der Paradoxie konfrontiert, schon zu wissen, was er noch nicht weiß. Die Erzählung entwickelt sich nicht nur in der Zeit ihrer Handlungen, sie ist als Text auch mit Hilfe von Zeit, nämlich mit Hilfe der Unterscheidung von »schon gelesen«/»noch nicht gelesen« strukturiert.

Ganz andere Anforderungen stellt die Lektüre von Gedichten. Sie bieten keineswegs Erzählungen in Versform und können auch nicht linear Zeile für Zeile von Anfang bis Ende gelesen werden. Hier kommt es auf klangliche Elemente, Ungewöhnlichkeit der Wortwahl (gerade auch bei normalen Worten), Erkennen von Gegenbedeutungen und Kontrasten und vor allem auf Rhythmik als Garant für eine untersinnig mitlaufende Einheit an. Die Lektüre erfordert ein aufmerksames Kurzzeitgedächtnis und vielschichtige Rekursionen, die sich nicht darauf verlassen können, daß das, was gemeint ist, auch gesagt wird.

Wiederum andere Anforderungen stellt das Lesen wissenschaftlicher Texte. Ich denke hier an sprachlich formulierte Texte, also nicht an Texte, die in der Geheimschrift der mathematischen oder logischen Kalküle abgefaßt sind. Auch Wissenschaftler müssen, wenn sie publizieren wollen, Sätze bilden. In der dafür notwendigen Wortwahl herrscht jedoch ein für die meisten Leser unvorstellbares Maß an Zufall. Auch die Wissenschaftler selbst machen sich dies selten klar. Der weitaus größte Teil der Texte könnte auch anders formuliert sein und würde auch anders formuliert sein, wenn er am nächsten Tag geschrieben worden wäre. Die Füllmasse der Worte, die zur Satzbildung erforderlich sind, entzieht sich jeder begrifflichen Regulierung. Zum Beispiel »entzieht sich« im vorangehenden Satz. Das läßt sich nicht vermeiden, selbst dann nicht, wenn man auf die Unterscheidbarkeit und Wiedererkennbarkeit von Worten, die mit begrifflicher Bedeutung aufgeladen sind, äußerste Sorgfalt verwendet. Sie machen nur einen geringen Teil der Textmasse aus. Wie aber soll ein Leser diese Worte, auf die es ankommt, finden?

Dieses Problem stellt sich besonders drastisch in zwei Fällen: bei Übersetzern und bei Anfängern. Jedenfalls habe ich an diesen beiden Lesergruppen gemerkt, wie zufallsbestimmt ich selbst schreibe – trotz erheblicher Sorgfalt im Durchhalten und Verfeinern theoretischer Zusammenhänge.

Übersetzer, die mit dem theoretischen Kontext des jeweiligen Textes nicht hinreichend vertraut sind, verwenden oft gleiche Mühe auf die Übersetzung aller Worte, die sie im Text vorfinden. Das heißt nicht, daß sie sich an die Reihenfolge der Worte halten, was zumeist gar nicht möglich ist, und in diesem Sinne »Wort für Wort« übersetzen. Aber sie halten sich nicht für befugt, mit der Füllmasse der Sätze zu spielen. Sie wählen aus lexikalisch gegebenen Äquivalenten diejenige Variante aus, die dem vermutlich gemeinten Sinn am nächsten zu kommen scheint, und ich wüßte nicht, wie man es anders machen sollte, ohne in der anderen Sprache völlig neue Texte zu schreiben. Wissenschaftlich interessierten Lesern kann man daher nur raten, so viele Sprachen wie möglich so weit zu lernen, daß sie sie wenigstens passiv beherrschen, also lesen und verstehen können.

Anfänger, vor allem Studienanfänger, finden sich zunächst mit einer satzförmig geordneten Menge von Worten konfrontiert, die sie Satz für Satz lesen und dem Satzsinn nach verstehen können. Aber auf was kommt es an? Was soll man »lernen«? Was ist wichtig, was ist nur Beiwerk? Nach einigen Seiten Lektüre kann man kaum mehr erinnern, was man gelesen hat. Welche Empfehlungen könnte man hier geben?

Eine Möglichkeit ist, sich die Namen zu merken – Marx, Freud, Giddens, Bourdieu usw. Offenbar ordnet sich das meiste Wissen unter Namen, eventuell auch unter Theorienamen wie Sozialphänomenologie, Rezeptionstheorie in den Literaturwissenschaften usw. Auch Anfängerkurse findet man so angelegt oder Einführungstexte. Was man dabei jedoch nicht oder kaum lernt, sind Begriffszusammenhänge und vor allem Probleme, auf die die Texte eine Antwort zu geben versuchen. Noch Examenskandidaten kommen am Ende ihres Studiums und möchten über Max Weber oder, wenn das zu viel ist, über Humberto Maturana geprüft werden, und sind darauf vorbereitet, zu berichten, was sie von diesen Autoren wissen.

Eine andere Möglichkeit ist, zu bestimmten Themenbereichen – Mängelhaftung im Zivilrecht, Sozialisationstheorie, Risikoforschung etc. – sehr viel parallel zu lesen. Dann entwickelt man allmählich ein Gefühl für schon Bekanntes und kennt sich im »Stand der Forschung« aus. Neues fällt dann auf. Aber man lernt etwas, was zumeist sehr rasch überholt und dann wieder zu verlernen ist. Das zeigt im übrigen den Vorteil des Lernens alter Sprachen. Die braucht man nie zu verlernen, sondern nur zu vergessen.

Das Problem des Lesens wissenschaftlicher Texte scheint darin zu liegen, daß man hier nicht ein Kurzzeitgedächtnis, sondern ein Langzeitgedächtnis braucht, um Bezugspunkte für die Unterscheidung des Wesentlichen vom Unwesentlichen und des Neuen vom bloß Wiederholten zu gewinnen. Aber man kann ja nicht alles erinnern. Das wäre Auswendiglernen. Man muß, anders gesagt, hochselektiv lesen und weitläufig vernetzte Referenzen herausziehen können. Man muß Rekursionen nachvollziehen können. Aber wie lernt man das, wenn keine Anleitungen gegeben werden können; oder allenfalls über Auffälligkeiten (wie im vorigen Satz zum Beispiel »Rekursionen«, aber nicht »muß«)?

Die vielleicht beste Methode dürfte wohl darin bestehen, sich Notizen zu machen – nicht Exzerpte, sondern verdichtete Reformulierungen des Gelesenen. Die Wiederbeschreibung des bereits Beschriebenen führt fast automatisch zum Trainieren einer Aufmerksamkeit für »frames«, für Schemata des Beobachtens oder auch für Bedingungen, die dazu führen, daß der Text bestimmte Beschreibungen und nicht andere anbietet. Dabei ist es sinnvoll, sich immer mitzuüberlegen: Was ist nicht gemeint, was ist ausgeschlossen, wenn etwas Bestimmtes behauptet wird? Wenn von »Menschenrechten« die Rede ist: Von was unterscheidet der Autor seine Aussagen? Von Unmenschenrechten? Von Menschenpflichten? Oder kulturvergleichend oder historisch von Völkern, die keine Menschenrechte kennen und damit ganz gut leben können?

Sehr häufig gibt der Text auf diese Frage nach der anderen Seite seiner Aussage keine oder keine eindeutige Antwort. Aber dann muß man ihm mit eigener Imagination auf die Beine helfen. Skrupel im Hinblick auf hermeneutische Vertretbarkeit oder gar Wahrheit wären hier fehl am

Platze. Es geht ja zunächst nur um ein eigenes Aufschreibsystem, um Suche nach etwas, was zu merken sich lohnt; und um Lesenlernen.

Das führt auf eine weitere Frage: Was macht man mit dem Aufgeschriebenen? Sicher produziert man zunächst weitgehend Abfall. Wir sind aber so erzogen, daß wir von unseren Tätigkeiten etwas Nützliches erwarten und anderenfalls rasch den Mut verlieren. Man sollte deshalb überlegen, ob und wie man die Notizen so aufbereitet, daß sie für späteren Zugriff zur Verfügung stehen, oder dies einem zumindest als tröstende Illusion vor Augen steht. Das erfordert einen Computer oder einen Zettelkasten mit numerierten Zetteln und ein Schlagwortregister. Das laufende »Unterbringen« der Notizen ist dann ein weiterer Arbeitsvorgang, der Zeit kostet; aber auch eine Tätigkeit, die über die bloße Monotonie des Lesens hinausgeht und, gleichsam nebenbei, das Gedächtnis trainiert.

Aber wir hatten die Überlegungen ja anlaufen lassen unter der Fragestellung: Wie lernt man das Lesen wissenschaftlicher Texte? Die Antwort lautet nur, daß dies weitausgreifende Rückgriffe auf schon Bekanntes, also Langzeitgedächtnis erfordert. Dies bildet sich nicht von selbst. Vielleicht ist umformulierendes Schreiben eine dafür geeignete Methode; und dies auch dann, wenn man die Hoffnung auf wissenschaftliche Produktivität noch etwas hinausschieben muß.

Dies könnte ein Anlaß sein, daran zu erinnern, daß die Textsortendifferenzierung, mit Hinweis auf die wir unsere Überlegungen eingeleitet hatten, überhaupt erst im 18. Jahrhundert entstanden ist. Das gilt für den modernen Roman, für anspruchsvolle (fast könnte man sagen: multimediale) Lyrik, aber auch für die wissenschaftliche Publizistik. Offenbar hat diese Differenzierung in allen ihren Bereichen sich vom Buchdruck faszinieren lassen. Es könnte sein, daß wir jetzt, besonders angesichts der Möglichkeiten, die der Computer bietet, wieder mehr auf die Eigenleistungen des Schreibens zurückkommen müssen.

Inhalt

HAUPTWERKE VON NIKLAS LUHMANN

Soziologische Aufklärung, 6 Bde., 1970–95 • zus. mit J. Habermas, Theorie der Gesellschaft oder Sozialtechnologie – Was leistet die Systemforschung?, 1971 • Macht, 1975 • Gesellschaftsstruktur und Semantik, 4 Bde, 1980–95 • Liebe als Passion, 1982 • Soziale Systeme, 1984 • Die Wirtschaft der Gesellschaft, 1988 • Die Wissenschaft der Gesellschaft, 1993 • Das Recht der Gesellschaft, 1993 • Die Kunst der Gesellschaft, 1995 • Die Gesellschaft der Gesellschaft, 1997. *Bibliographie:* Soziale Systeme. Zeitschrift für soziologische Theorie, 1998, Jg. 4, Heft 2, S. 233–263. *Internet:* http://www.luhmann-archiv.de

TEXTNACHWEISE SHORT CUTS

»Wer überhaupt spricht« (aus: Soziologische Aufklärung 3, Opladen: Westdeutscher Verlag 1983, S. 170, 194 f.) • Biographie, Attitüden, Zettelkasten (Archimedes und wir, Berlin: Merve 1987, S. 125–155) • Was ist Kommunikation? Vortrag auf dem Symposium »Lebende Systeme. Konstruktion und Veränderung von Wirklichkeiten und ihre Relevanz für die systemische Therapie« vom 28.2.–2.3.1986, Heidelberg (Information Philosophie, März 1987) • Njet-Set und Terror-Desperados (taz, 4.8.1988) • Alternative ohne Alternative (FAZ, 2.7.1986) • Dabeisein und Dagegensein (FAZ, 22.8.1990) • Der Fußball (FAZ, 4.7.1990) • Risiko auf alle Fälle (FAZ, 2.1.1991) • Wie haben wir gewählt? (FAZ, 22.10.1994) • Statistische Depression (FAZ, 20.3.1996) • Borniert und einfühlsam zugleich (FAZ, 27.1.1993) • Chirurg auf der Parkbank (9.6.1994) • Konzeptkunst (FAZ, 19.7.95) • Darum Liebe (Archimedes und wir, Berlin: Merve 1987, S. 61–73) • Lesen lernen (unpubl.)